Natalino Russo

111 luoghi della Costiera Amalfitana che devi proprio scoprire

111

emons:

MISTO
Carta da fonti gestite
in maniera responsabile
FSC® C083411
FSC
www.fsc.org

Fotografie: © Natalino Russo, eccetto:
22: Domenico Camardo; 31: Cantine Marisa Cuomo;
35: Zipline/Sciosia 44: Pino Rispoli;
53: Roberto Ceccacci/Museo Maresca;
64: Associazione La Selva; 69: Marea Art Project APS;
92: Museo bottega della tarsia lignea;
110: Peter Hoogstaden/Genius Loci
© Copertina: shutterstock.com/Anastasia Lembrik
Progetto grafico: Eva Kraskes, da un'idea
di Lübbeke | Naumann | Thoben
Cartografia: altancicek.design, www.altancicek.de
Informazioni di base sulle mappe: Openstreetmap,
© OpenStreetMap-Mitwirkende, ODbL
Stampato presso: CPI – Clausen & Bosse, Leck
Printed in Germany 2024
ISBN 978-3-7408-1989-7

I edizione: aprile 2024

Distribuito da
Emons Italia s.r.l.
viale della Piramide Cestia 1c
00153 – Roma
www.emonsedizioni.it

Premessa

Separano due golfi, i Monti Lattari. O forse li uniscono. Da una parte il Golfo di Napoli, dall'altra quello di Salerno. Penisola Sorrentina e Costiera Amalfitana sono i due volti del grande promontorio che si estende da Cava de' Tirreni fino a Punta Campanella, di fronte all'isola di Capri.

Amalfi la nobile, Positano la glamour, Ravello con le sue ville, Sorrento modaiola e di lunga tradizione marinara. E poi le ceramiche di Vietri, le torri a picco sul mare, le vedute romantiche coi gozzi ormeggiati nei porticcioli. Dietro a queste immagini rese celebri dal Grand Tour, tuttavia, si cela un mondo meno conosciuto fatto di creste aspre e vertiginosi dirupi, grotte e valli ombrose, segni di un passato geologico che si intreccia con un'affascinante storia umana. Un vasto territorio tutelato dal Parco Regionale dei Monti Lattari, e patrimonio Unesco da quasi trent'anni.

Qui secoli di lavoro hanno intessuto un fitto ricamo di terrazzamenti, orti e vigneti acrobatici, oltre che di piccoli centri in posizioni improbabili. Eremi sperduti e monasteri. Strade ardite come la 163 Amalfitana e la 145 Sorrentina, con le loro viste da togliere il fiato. E le mulattiere, ancora oggi quotidianamente percorse dai muli – e dagli escursionisti, che ormai qui sono di casa.

Sull'altopiano di Agerola si ritrovano occhi, mani, storie. Questi monti, con le loro due costiere, serbano prodotti enogastronomici che sono eredità di un lungo passato e che pure stanno al passo coi tempi, rifuggendo l'idea stantia della tradizione a tutti i costi. Infine, gli immancabili limoni, autentica icona di questa terra che vive un'eterna primavera. In Costiera, infatti, su un sentiero di montagna oppure al tavolino di un caffè in riva al mare, non è raro stare a mezze maniche e godersi il sole anche in pieno inverno.

Nelle pagine che seguono andremo alla scoperta di luoghi insoliti e di qualche storia meno nota anche a chi questi posti li abita. Buon viaggio.

111 luoghi

1 L'atelier di Mary Cinque

A braccetto con l'arte

Mary Cinque si è formata nel mondo ed è tornata a lavorare ad Agerola. Tra le tranquille strade di questo paese di montagna affacciato sulla Costiera, nella luminosa casa-atelier di Mary si ritrova la densa storia dei suoi viaggi e delle sue esplorazioni artistiche. Dapprima l'Etiopia, poi Napoli, Londra, gli Stati Uniti. Non si è mai fermata, Mary Cinque: è stata ospite di residenze artistiche e prestigiosi atelier come quello di Sol LeWitt a Chester, negli Stati Uniti.

Nel suo percorso artistico, Mary ha indagato senza sosta e con sguardo sensibile le città e i paesaggi urbani, le persone e le loro movenze e relazioni. Un ampio capitolo del suo lavoro è dedicato alle città che ha abitato e amato, prime tra tutte Napoli, Londra e New York, luoghi urbani che maggiormente ha frequentato nel corso della sua vita e della sua formazione artistica.

La ritrovata serenità inquieta del suo laboratorio agerolese si legge nelle opere recenti, luminose e ricche di vita. Ad Agerola e nel territorio circostante Mary organizza il suo lavoro, la sua produzione artistica e le personali di pittura che poi porta in giro per tutto il mondo. Nell'atelier tiene inoltre periodicamente mostre e incontri durante i quali illustra le sue tecniche, la scelta dei soggetti, dei materiali e dei colori.

Mary lavora principalmente con i pastelli a olio, ma non disdegna l'acrilico, i pennarelli e la pittura digitale. I suoi colori sono sempre vivaci, frutto di un'indagine accurata e testimonianza di una sfera emotiva che si riflette negli oggetti così come nelle ambientazioni delle sue opere.

I suoi lavori sono disponibili in tutto il mondo tramite la galleria online della prestigiosa Saatchi Art, oltre che in diverse gallerie fisiche, tra cui la Galerie Palü a Pontresina, in Svizzera, la Off Gallery a Napoli e la Chester Gallery negli Stati Uniti. Ma il luogo ideale per incontrarla e per vederla al lavoro è proprio qui, nel suo atelier agerolese, nell'aria fresca dei monti affacciati sul mare di Amalfi.

Indirizzo Via Campo della Scola 2, frazione San Lazzaro, 80051 – Agerola (NA), www.marycinque.it, marycinque@hotmail.com, tel. 371.4741677 | Come arrivare Agerola si raggiunge da Castellammare di Stabia e da Amalfi coi bus della compagnia Sita | Orari Lo studio si può visitare su appuntamento | Un suggerimento Ottima base non lontana dall'atelier è Il Castagno, primo agriturismo di Agerola e tra i più antichi della Campania. Perfetto per la cucina ma anche per dormire (via Radicosa 39/c, tel. 081.8025164, www.agriturismoilcastagno.com).

2 La cima dei Tre Calli

Un'escursione facile e panoramica

Per la sua posizione tra le montagne, Agerola è una base ideale per gli escursionisti. La maggior parte preferisce percorrere l'ormai celebre Sentiero degli Dei, che parte dalla frazione di Bomerano e raggiunge Nocelle di Positano. Ma sui Monti Lattari anche gli amanti dei percorsi meno battuti trovano di che divertirsi.

Sempre da Bomerano, si può fare una facile e bellissima escursione su una delle cime più panoramiche di queste montagne: il Monte Tre Calli. Il percorso è piuttosto agevole, ma va evitato in caso di brutto tempo o con vento forte.

Si parte da piazza Capasso, seguendo via Mannini che sale tra case e terrazzamenti in località Pendola. Giunti su una strada, la si segue verso sinistra per un paio di tornanti, fino a un crocifisso. L'escursione continua per un sentiero che sale verso destra. Proseguendo dritto sulla strada, invece, si raggiunge località Paipo, che regala una delle vedute più spettacolari sulla Costiera, fino agli isolotti Li Galli (vedi n. 62), Isca e ai faraglioni di Capri in lontananza.

Il sentiero si arrampica e attraversa zone alberate, fino a una cresta che a sinistra regala una bellissima vista sulla costa e che in breve conduce alla cima più meridionale del Tre Calli (1.122 m). Qui il panorama è amplissimo e spettacolare. Seguendo invece la cresta verso destra, cioè in direzione nord, per un tracciato evidente si scavalca il Monte Calavrice (1.143 m) e in discesa si raggiunge il rilievo di Capo Muro (1.072 m), caratterizzato da una tozza guglia di roccia. Da qui gli escursionisti più allenati possono proseguire per il Monte Sant'Angelo a Tre Pizzi, che coi suoi 1.444 m è la cima più alta dei Lattari e tra le principali della Campania. Questa montagna ha una forma caratteristica: a tre pizzi, appunto. Una delle punte (Monte San Michele) è quadrata e viene chiamata "Molare" (vedi n. 100), le altre (Monte Catiello e Monte di Mezzo) sono appuntite e per questo chiamate "Canini". Dalla vetta lo sguardo abbraccia il Golfo di Napoli col Vesuvio, e la Piana campana fino al massiccio del Matese.

Indirizzo Partenza e ritorno in piazza Capasso, 80051 – Bomerano di Agerola (NA) | Come arrivare Ad Agerola si giunge comodamente da Castellammare di Stabia o da Amalfi con gli autobus della compagnia Sita. A Bomerano si può arrivare da Amalfi anche con le navette della compagnia di navigazione Travelmar | Orari Luogo all'aperto | Un suggerimento Base ideale per questa escursione e per il punto panoramico di Paipo è il B&B Valle degli Dei, che si trova proprio sul sentiero (via Paipo 26, Agerola, www.valle-degli-dei.com, info@valle-degli-dei.com, tel. 334.1320976).

3 Convento di Cospiti

Una Meteora in Costa d'Amalfi

Il paesino di Agerola si trova in posizione privilegiata: affacciato sugli spettacolari costoni rocciosi e sui panorami della Costiera Amalfitana, e al tempo stesso riparato tra le montagne. A oltre 600 metri di quota, è a due passi dal mare ma lontano dal trambusto della costa. Questa sua doppia natura, a cavallo tra due mondi, lo rende uno dei luoghi più affascinanti dei Monti Lattari.

Lo sapevano bene i monaci francescani, che nell'XI secolo fondarono un convento in una posizione magnifica e quasi inaccessibile, tra le vertiginose pareti che da Agerola affacciano su Amalfi. Oggi di quel convento restano soltanto ruderi, e un crocifisso ligneo custodito nella chiesa di San Matteo, nella frazione Bomerano.

La passeggiata fino ai ruderi è un'occasione preziosa per ammirare gli strapiombi della Costiera in tutta la loro bellezza. Da via Radicosa, nella frazione San Lazzaro, parte il sentiero CAI n. 369, che in questo tratto coincide con il sentiero n. 6 dedicato a Giustino Fortunato, il grande intellettuale e meridionalista che tanto camminò e scrisse su questi monti.

Il sentiero CAI n. 369 attraversa un gruppetto di case sparse e regala belle vedute sul grande edificio dell'ex colonia montana di Agerola. Superata la cappella di Santa Lucia, con fontana di acqua potabile, dopo alcuni gradini in salita si giunge a un bivio. A sinistra, il sentiero n. 369A conduce subito a un ulteriore tratto rettilineo a gradini, per poi aggirare le pareti e, in poco più di un'ora, raggiungere agevolmente i ruderi del convento. Se dal bivio si prosegue invece verso destra, in pochi minuti si arriva a uno spettacolare affaccio dall'alto della parete rocciosa. I ruderi sono in basso, su una quinta paesaggistica che si spinge fino ai monti del Cilento e a Punta Licosa. Da qui un sentiero molto esposto scende fino ai ruderi, ma attenzione: in alcuni tratti sono indispensabili casco e attrezzatura da ferrata. I ruderi ricordano il tempo in cui questo fu un luogo di eremitaggio e meditazione. Non è difficile comprenderne il motivo.

Indirizzo Convento di San Francesco di Cospiti, 80051 – Agerola (NA) | Come arrivare Agerola si raggiunge coi bus di linea della compagnia Sita | Orari Luogo all'aperto | Un suggerimento A San Lazzaro si trova il Campus Principe di Napoli, dedicato all'educazione d'eccellenza nel campo dell'accoglienza e dell'enogastronomia (via Salvatore di Giacomo 8, www.campusprincipedinapoli.it).

4 Distilleria L'Alambicco

Alcolici profumi dei Lattari

Nei paesi dell'Italia meridionale, specialmente in quelli di montagna, è diffusa la tradizione di produrre in casa liquori e distillati. Tra i Monti Lattari, anche grazie al connubio tra aria di montagna e clima marino, l'abbondanza di frutti e aromi lascia campo libero alla sperimentazione e alla fantasia. È proprio ciò che avviene nel piccolo laboratorio della distilleria L'Alambicco.

Questo luogo ha alle spalle quasi trent'anni di esperienza. È stato fondato nel 1996 da Michele Mascolo, che dopo molti viaggi in Italia, a Londra e fino a New York è tornato ad Agerola con l'idea di recuperare vecchie ricette di distillati ed elisir tipici della Costiera Amalfitana e della Penisola Sorrentina. Il suo sogno era produrre liquori di qualità, e sicuramente ci è riuscito. La produzione è iniziata con i classici limoncello e nocino, utilizzando i limoni della Costiera e le noci dei Lattari, per poi evolversi nel tempo fino alla grande ricchezza di oggi.

Una visita al laboratorio o al punto vendita in piazza Capasso a Bomerano, proprio di fronte alla chiesa di San Matteo, permette di scoprire un ampio ventaglio di liquori. Ma la vastità dell'offerta non deve trarre in inganno. Alla base di tutti i prodotti ci sono sempre infusioni semplici di pochi ingredienti naturali: erbe, frutti e bacche che crescono nella macchia mediterranea e sui Monti Lattari. Come il finocchietto selvatico raccolto lungo il Sentiero degli Dei, il mirto o le scorze dei limoni della Costiera, le noci fresche e le fragoline dei boschi di Agerola.

Michele lavora con passione nel piccolo ma attrezzatissimo laboratorio insieme ai fratelli Gerardo e Antonio. Le specialità che hanno reso famosa la distilleria L'Alambicco sono l'amaro agerolese Pucchiacchella, prodotto utilizzando appunto l'erba detta *pucchiacchella*, una pianta grassa solitamente considerata infestante; l'amaro José Borjes, fatto con un mix di quattordici erbe, frutti e radici; e poi ovviamente il principe dei liquori della zona: il limoncello.

Indirizzo Distilleria: via Iovieno 54; punto vendita: piazza Capasso, 80051 – Bomerano di Agerola (NA), www.alambiccoshop.it, infoline@alambicco.it, tel. 081.8731028 | **Come arrivare** Ad Agerola si giunge comodamente da Castellammare di Stabia o da Amalfi con gli autobus della compagnia Sita. A Bomerano si può arrivare da Amalfi anche con le navette della compagnia di navigazione Travelmar | **Orari** Tutti i giorni 9-20 | **Un suggerimento** Sempre in piazza Capasso, al civico 22 il Panificio Manna produce un ottimo pane e altri prodotti da forno (tel. 081.8791494).

5 Il generale Avitabile

Tra storia e leggenda

Agerola custodisce una storia affascinante. La si scopre nella frazione di Campora, nella chiesa intitolata alla Madonna di Loreto, conosciuta anche come San Martino. Qui, sulla parete destra dell'unica navata, c'è una tomba monumentale. Sulla grande lapide si legge che appartiene al tenente generale Paolo Avitabile, nato ad Agerola nel 1791 e qui morto nel 1850. Nei quasi sessant'anni compresi tra queste due date, il personaggio fece in tempo a costruirsi una fama notevole e a circondarsi di leggende. Storie che ancora oggi accompagnano la sua figura.

Avitabile iniziò la carriera militare nel periodo napoleonico al servizio di Gioacchino Murat, per poi passare all'esercito del Regno delle Due Sicilie. Successivamente divenne soldato di ventura e finì dapprima in Persia, dove rimase sei anni e ottenne grandi decorazioni. Poi andò in Pakistan come generale dell'esercito sikh del sovrano del Punjab, il maharaja Ranjit Singh, per diventare infine governatore di Peshawar al servizio degli inglesi durante l'occupazione dell'Afghanistan. In quelle zone il suo cognome fu distorto in Abu Tabela, ed è così che è ancora ricordato per i suoi metodi sanguinari, che applicò soprattutto per giustiziare sbrigativamente persone accusate di furto e brigantaggio, e per affermare il suo potere.

Grazie ai successi militari e ai metodi spietati, Avitabile accumulò anche una grande fortuna. Al suo ritorno, nel 1844, fu insignito della Legion d'onore da Luigi Filippo di Francia. Ritiratosi ad Agerola, vi importò alcuni capi di vacche della razza inglese Jersey, a quanto pare dando origine alle vacche Agerolesi che contribuirono alla fortuna dei latticini della zona.

Ma la sorte non gli arrise. Ad Agerola Avitabile trovò la morte in circostanze misteriose, probabilmente vittima di una congiura ordita dalla sua giovanissima moglie Michelangela e dall'amante di lei, don Luigi Acampora dei principi di Corfù, proprietario di Palazzo Acampora a Bomerano (vedi n. 6).

Indirizzo Chiesa di Loreto/San Martino, piazza San Martino 6, 80051 – Campora di Agerola (NA) | Come arrivare Agerola si raggiunge da Castellammare di Stabia e da Amalfi coi bus della compagnia Sita | Orari Per la visita contattare in anticipo Antonio Acampora (tel. 339.2428730) | Un suggerimento Nella frazione Campora si trova la gola conosciuta come Bottara, scavata dall'erosione del torrente Penise, che più avanti confluisce nello Schiato e si getta nella valle che conduce al Fiordo di Furore (vedi n. 32).

6_ Palazzo Acampora

Alla corte degli dei

Bomerano è una delle sei frazioni di Agerola, insieme a San Lazzaro, Campora, Santa Maria, Ponte e Pianillo: piccoli centri che compongono un paese diffuso in una conca tra le cime dei Lattari e il precipizio affacciato sulla Costiera.

Qui vennero ad abitare famiglie nobili in cerca di tranquillità. La famiglia Acampora di Corfù nel XVIII secolo si fece costruire un bel palazzetto proprio a Bomerano, a poca distanza da piazza Capasso e dalla chiesa di San Matteo. Il palazzo, ben restaurato dagli ultimi discendenti della famiglia, ospita oggi una locanda con ristorante e albergo. La Corte degli Dei è il luogo ideale per sperimentare l'accoglienza e la cucina agerolesi, abbinate a una ricca selezione di vini di pregio, grazie alla sapienza della chef Petronilla Naclerio. Nilla, come ama farsi chiamare, combina la tradizione locale con l'esperienza maturata nelle cucine mitteleuropee.

Nella bella stagione si può godere del fresco della mezza montagna cenando nel cortile del palazzo. Uno scalone in stile napoletano permette di salire al piano superiore dove si trova il delizioso appartamento storico, ricco di affreschi, finti marmi policromi e alcune tele antiche. Sul focolare della cucina nobiliare si nota lo stesso blasone presente anche nella cappella gentilizia degli Acampora nella chiesa di San Matteo, mentre nel salone campeggiano i ritratti di don Luigi Acampora dei principi di Corfù e della sua consorte Michelangela, vedova del generale Avitabile (vedi n. 5), vittima proprio di una congiura ordita dai due amanti.

Ma ancora più affascinante è l'antica cucina che si trova al piano terra: un ambiente accogliente dove campeggia un grande forno a legna e a cui si accede dal cortile. Una breve scalinata immette nella cantina con le grandi botti in legno.

Il palazzo ospita spesso convegni, mostre e altri eventi. Gli avventori possono usufruire anche di altri servizi, come escursioni guidate, gite in barca e noleggio auto con conducente.

Indirizzo Via A. Diaz 26, 80051 – Agerola (NA), www.palazzoacampora.it, www.lacortedeglidei.it, info@lacortedeglidei.it, tel. 081.19143156, 324.8437579, WhatsApp 324.8437579 | Come arrivare Ad Agerola si giunge comodamente da Castellammare di Stabia o da Amalfi con gli autobus della compagnia Sita. A Bomerano si può arrivare da Amalfi anche con le navette della compagnia di navigazione Travelmar | Orari Lun-ven 19-22, sab-dom 12:30-14:30 e 19-22 | Un suggerimento Nella vicina pizza Capasso, nella chiesa di San Matteo si può vedere l'antico crocifisso ligneo proveniente dal convento di Cospiti, oggi ridotto in ruderi (vedi n. 3).

7 Un pastore tra cielo e mare

Vivere sul Sentiero degli Dei

Tra precipizi di roccia e profondi valloni, le alte rupi del versante amalfitano dei Monti Lattari sono quasi inaccessibili. Per questo motivo gli spostamenti locali qui avvengono spesso ancora lungo le vie utilizzate un tempo. Si tratta di strette mulattiere che sfruttano le rare superfici orizzontali e i molti terrazzamenti che pastori e contadini hanno realizzato nei secoli: itinerari arditi che è possibile percorrere solo a piedi o coi muli, unico mezzo di trasporto capace ancora oggi di movimentare i prodotti degli orti e altri materiali.

Alcuni di questi antichi percorsi sono oggi molto amati dagli escursionisti, e in qualche caso sono diventati assai famosi. Come il Sentiero degli Dei, che da Bomerano di Agerola raggiunge Nocelle, frazione di Positano, attraversando luoghi apparentemente irraggiungibili e offrendo magnifici panorami. Ormai è uno tra i sentieri più celebri al mondo e richiama migliaia di camminatori e curiosi ogni anno. Il percorso, solo apparentemente facile, è assai insidioso perché si dipana spesso su vertiginosi precipizi.

Proprio su questo sentiero vive Antonio Milo, un giovane pastore che ha deciso di dedicarsi a tempo pieno alla tradizione di famiglia: le capre. Il suo gregge trova ricovero in un vecchio ovile addossato alla roccia e parzialmente ricavato in una grotta. Antonio lavora in un casale situato in posizione spettacolare su un grande terrazzo naturale a picco sul mare. Da qui la vista sulla Costiera si apre fino ai faraglioni di Capri.

“Questo è un carcere a porte aperte” dice Antonio riferendosi al suo lavoro di pastore, che lo tiene legato qui tutti i giorni dell’anno. “Ma sono felice di stare in uno dei posti più belli del mondo” conclude, consapevole della sua fortuna. Antonio è molto ospitale con gli escursionisti che passano a fargli visita: spesso li invita a sedersi sotto il suo pergolato e gli fa assaggiare i formaggi che produce col latte delle sue caprette. Per chi viene a camminare sul Sentiero degli Dei, è una sosta d’obbligo.

Indirizzo Sentiero degli Dei, 80051 – Agerola (NA), tel. 339.1669061 | Come arrivare Sia Agerola che Positano sono collegati con bus di linea della compagnia Sita. La compagnia di navigazione Travelmar offre navette per raggiungere Bomerano da Amalfi | Orari Durante il giorno il pastore è generalmente presente | Un suggerimento Alla fine del sentiero, prima di scendere a Positano, nella piazzetta del borgo di Nocelle si trova il Lemon Point: granite e altre delizie con limoni locali (di Antonino Di Simone, tel. 333.8623396).

8 Il provolone del monaco

Un formaggio antico dei Lattari

L'etimologia del nome "Monti Lattari" è incerta. Galeno di Pergamo, uno dei più celebri medici dell'antichità (II secolo d.C.), parla di un *Lactarium Mons* con chiaro riferimento al latte che vi veniva prodotto. Con questo toponimo si riferiva alle montagne che sovrastano il paese di Pimonte e circondano la conca di Agerola. Lo studioso agerolese Aldo Cinque avanza un'altra ipotesi, legata alla presenza di terrazzamenti e superfici orizzontali di origine naturale, dovute cioè all'erosione. Queste superfici piatte, delimitate e regolari, sarebbero legate al tema linguistico *latta*, in uso in tutto il Mediterraneo, che significa "superficie delimitata e regolare" o "cosa piatta". Che ci sia o meno il latte all'origine del nome di queste montagne, certo è che qui la tradizione casearia è molto antica, attestata almeno dall'epoca romana. In particolare il paese di Agerola è celebre per i suoi latticini. Il suo fior di latte è tra i migliori in assoluto e viene utilizzato dalle più importanti pizzerie italiane. Ma c'è anche un altro prodotto agerolese di grande qualità apprezzato dagli intenditori: il provolone del monaco. Questo formaggio semiduro a pasta filata, stagionato, viene prodotto in tutta l'area della Penisola Sorrentina e nella parte alta dei Lattari utilizzando latte crudo di vacche di razza Agerolese allevate sul territorio. Secondo il disciplinare regionale, ha forma di melone leggermente allungato e un peso che varia dai 2,5 agli 8 kg circa. Il sapore è dolce e butirroso, leggermente piccante.

Tra i caseifici di Agerola, l'unico iscritto al Consorzio Provolone del Monaco DOP è il Caseificio Ruocco, noto per i prodotti di qualità. Il suo provolone, riconoscibile dal timbro apposto su ogni pezzo, oltre che in sede si può degustare anche nel ristorante L'Angolo dei Sapori (via Principe di Piemonte 27), a due passi da piazza Capasso. A proposito di etimologia, il nome di questo formaggio si deve forse al fatto che anticamente i casari dei Monti Lattari che si recavano a Napoli per vendere i loro prodotti venivano chiamati *monaci* per via dei lunghi mantelli da montanari.

Indirizzo Via Case De Rosa II traversa 4, 80051 – Agerola (NA), www.caseificioruocco.com, info@caseificioruocco.com, tel. 081.8791414 | Come arrivare Agerola si raggiunge da Castellammare di Stabia e da Amalfi coi bus della compagnia Sita. Da Amalfi si può giungere a Bomerano anche con le navette della compagnia di navigazione Travelmar | Orari Il caseificio lavora tutti i giorni dall'alba fino alle 13 circa. Il punto vendita L'Angolo dei Sapori è aperto fino alle 18 | Un suggerimento Un altro luogo dove degustare un ottimo provolone del monaco è il Caseificio Carbone a Vico Equense (www.caseificiocarbone.it).

9 Borghi di Pogerola e Lone

Due frazioni panoramiche

La strada che da Amalfi va verso Praiano, ovvero un tratto della splendida statale 163 Amalfitana (vedi n. 111), nei pressi di Vettica Minore o Vettica di Amalfi incontra un bivio. I locali lo chiamano "il bivio di Lone", dal nome della frazione che si trova poco più su. Da qui si stacca la strada statale 366 di Agerola, che con una lunga serie di curve e tornanti risale il ripido versante meridionale dei Monti Lattari offrendo panorami favolosi. È una delle più belle strade italiane, e collega il lato amalfitano a quello sorrentino, passando appunto per l'altopiano di Agerola e scendendo poi per Pimonte e Gragnano fino a Castellammare di Stabia, dove si innesta sulla statale 145 Sorrentina.

In corrispondenza del terzo tornante dopo il bivio di Lone, a destra si diparte una stradina in salita: via Papa Leone X. Stretta ma agevole, sale dolcemente sul fianco della montagna regalando sulla destra belle vedute sul mare. Poco più avanti si attraversano le poche case della frazione di Lone, dove la chiesa della Natività di Maria Santissima si riconosce per il suo colore ocra e per il piccolo campanile a cupola, isolato rispetto al corpo dell'edificio principale. Dal piazzale antistante si può ammirare lo splendido tratto di Costiera compreso tra Amalfi e Conca dei Marini.

La strada prosegue in salita e, dopo altri due tornanti ricavati sotto impressionanti pareti rocciose, giunge in vista dell'abitato di Pogerola, altra frazione di Amalfi in bella posizione, con le abitazioni sparse sui costoni rocciosi e il nucleo principale che si staglia contro i costoni meridionali dei Monti Lattari. Dalla piazzetta del paese è piacevole fare due passi lungo via Castello, con la chiesetta di Santa Maria Vergine sulla destra (piuttosto fotogenica insieme ai terrazzamenti e al mare che fa capolino sullo sfondo), e raggiungere così la piccola cappella di Sant'Anna. Affacciandosi sul versante settentrionale del borgo di Pogerola, si gode di una bella veduta sul profondo vallone del torrente Canneto e su Amalfi.

Indirizzo Lone e Pogerola, 84011 – Amalfi (SA) | Come arrivare Le frazioni di Amalfi si raggiungono coi bus della compagnia Sita, anche se in questo caso è più comodo muoversi con un mezzo proprio | Orari Luoghi all'aperto | Un suggerimento Vale la pena fare due passi per salire fino al piccolo cimitero di Pogerola, costruito con dei terrazzamenti sotto un'alta parete rocciosa e quasi dentro una grotta. Molto scenografico. È aperto in genere le mattine di sabato e martedì dalle 8 alle 12.

10 Le cartiere di Amalfi

Ambiente di lavoro trasformato in museo

Uscendo dal trambusto turistico di Amalfi e inoltrandosi nella valle del torrente Canneto, ci si imbatte ben presto nella vecchia cartiera, luogo storico situato nella parte alta del centro abitato. La carta di Amalfi, prodotta qui almeno a partire dal IX secolo, rappresenta ancora oggi un fiore all'occhiello per la città che fu la più antica tra le repubbliche marinare.

La valle in cui sorge il centro abitato è sempre stata ricca d'acqua: imbrigliata e convogliata, veniva utilizzata per azionare i macchinari necessari alle cartiere. Nella zona ce n'erano diverse, come testimoniano i ruderi che si trovano nella Valle delle Ferriere (vedi n. 85), ma soprattutto com'è evidente proprio nel centro della città. Qui, infatti, un'antica cartiera è stata trasformata in museo e rappresenta un'ottima occasione per scoprire l'antico e affascinante mondo della carta, dalla materia prima fino al prodotto finito.

La visita guidata inizia proprio dalla vecchia cartiera, situata nella parte bassa di un vecchio edificio accanto al torrente. Qui si trovano i grandi macchinari azionati da una ruota in legno: messi in moto dalla forza dell'acqua, trituravano e battevano gli stracci di lino, cotone e canapa precedentemente raccolti in grandi vasche in pietra. A tale procedimento si deve il nome *charta bambagina* dato a questa particolare carta. Si possono vedere inoltre la grande pressa settecentesca che veniva usata per spremere via dalla carta l'acqua in eccesso e le altre macchine impiegate per rifinire i fogli.

Il Museo della Carta di Amalfi è unico nel suo genere. È possibile persino chiedere di realizzare un proprio foglio di carta fatto a mano. Le visite vengono svolte normalmente in italiano e in inglese, ma su richiesta anche in spagnolo, francese e tedesco. È un'occasione unica per conoscere da vicino un processo antico che, come per magia, conduce a un prodotto ormai di uso comune. A differenza della carta industriale, tuttavia, questa ha un fascino speciale: il carattere della famosa carta di Amalfi.

Indirizzo Via delle Cartiere 23, 84011 – Amalfi (SA), www.museodellacarta.it, info@museodellacarta.it, tel. 089.8304561, 320.0607475 | Come arrivare Amalfi si raggiunge coi bus della compagnia Sita oppure da Salerno coi traghetti veloci della compagnia di navigazione Travelmar. Arrivando in auto, in alta stagione il parcheggio è difficile e ha tariffe piuttosto elevate | Orari 1° marzo-31 ottobre e periodo natalizio: tutti i giorni 10-19 (orario continuato). Nei restanti periodi: mar-dom 10-17 | Un suggerimento Poco distante dal museo, anche la Cartiera Amatruda è un luogo speciale da visitare e dove trovare carta di alta qualità (via delle Cartiere 100, www.amatruda.it).

11 Lemon experience

I segreti dello Sfusato Amalfitano

Il limone è diventato uno dei simboli più universalmente associati alla Costiera. La varietà tipica di Amalfi e del suo territorio è lo "Sfusato Amalfitano", così chiamato per la forma affusolata e per la zona di origine. Questa varietà dà luogo all'Indicazione Geografica Protetta "Limone Costa d'Amalfi", per la quale è previsto uno specifico disciplinare di produzione.

Lo Sfusato Amalfitano è noto per la buccia di medio spessore, il colore giallo un po' pallido, e il profumo intenso dovuto agli oli essenziali e ai terpeni (molecole naturali particolarmente apprezzate nella produzione dei liquori). Questo limone molto grande può arrivare a pesare un centinaio di grammi, ha pochi semi e una polpa molto succosa. Viene coltivato grazie agli arditi terrazzamenti realizzati nel corso dei secoli in posizioni spesso spettacolari, tra alte pareti e versanti scoscesi, al punto da costituire, insieme alla presenza dei paesini, uno dei principali caratteri distintivi della Costiera.

La lunga storia di questa coltivazione si può leggere ad Amalfi in un bel giardino alle spalle del centro storico, non lontano dal Museo della Carta (vedi n. 10), lungo la stradina che esce dal paese e risale la valle del torrente Canneto.

Qui risiede la famiglia Aceto. Coltivatori di limoni da sei generazioni, nel 1992 hanno fondato un'azienda ormai conosciuta in tutto il mondo per i suoi prodotti a base di limone Sfusato Amalfitano, dalle marmellate al celebre limoncello, fino al miele artigianale. Tra i terrazzamenti del bellissimo limoneto di famiglia è possibile partecipare a veri e propri "lemon tour" durante i quali toccare con mano il lavoro che c'è dietro questa storica coltivazione e tradizione. Un percorso piacevole e istruttivo che mostra anche i metodi, gli strumenti e le attrezzature del mestiere, custoditi in un piccolo museo nel quale si respira il valore del tempo e del lavoro agricolo. Il giro si conclude al fresco di un pergolato, con una limonata e ottimi dolci fatti in casa. Ovviamente al limone.

Indirizzo Via delle Cartiere 59, 84011 – Amalfi (SA), www.amalfilemonexperience.it, info@amalfilemonexperience.it | Come arrivare Amalfi si raggiunge coi bus della compagnia Sita oppure da Salerno coi traghetti veloci della compagnia di navigazione Travelmar. Arrivando in auto, in alta stagione il parcheggio è difficile e ha tariffe piuttosto elevate | Orari L'azienda è generalmente aperta tutti i giorni. Per i lemon tour è necessario prenotare in anticipo (tel. 335.1218292, 320.1553650) | Un suggerimento Al civico 55 vale la pena dedicare un po' di tempo anche al punto vendita, Valle dei Mulini, dove si può degustare e acquistare un'ampia varietà di distillati, creme, caramelle e oggetti ispirati al limone.

12 Il loggiato del cimitero monumentale

Via dalla pazza folla

La penisola che si allunga fino a Punta Campanella, con vista su Capri, annovera molti luoghi celebri, alcuni dei quali sono ormai entrati nel mito, per la posizione particolarmente scenografica, per le storie che vi si sono svolte o per i personaggi che qui hanno vissuto. Di tutti questi luoghi, uno dei più affascinanti è Amalfi. Tra i ducati più importanti del Mediterraneo e prima repubblica marinara, nell'XI secolo ha coniato il più antico codice marittimo, noto come *Tavole amalfitane*. Inoltre, era uno dei luoghi visitati e celebrati nel periodo del Grand Tour.

Il duomo col magnifico chiostro, le viuzze del centro coi portici che corrono lungo il vecchio corso del torrente Canneto (ora interrato), il dedalo di vicoli con le abitazioni inerpicate sui versanti della valle. Amalfi è scenografica al punto da sembrare finta. Qui sono stati ambientati molti film, tra cui *Made in Italy* (1965) di Nanni Loy.

Negli ultimi anni la cittadina è stata presa d'assalto dal turismo, tanto che nelle sue stradine si fatica a trovare lo sguardo e lo stato d'animo necessari ad apprezzarne le tipicità e le bellezze. C'è però un luogo dove la folla non arriva: il loggiato del cimitero monumentale. Si trova nella parte alta della città, e per quanto sia scenografico e ben visibile dal porto e dal lungomare, non è molto frequentato proprio per la sua posizione defilata. Fu realizzato in tufo nel 1816 nel luogo in cui già dalla fine del X secolo sorgeva un convento benedettino femminile dedicato a San Lorenzo del Piano. Elementi di rilievo sono un'urna romana del II secolo d.C. e una cappella medievale con affreschi del XIV secolo. Ma la sua peculiarità è la spettacolare vista su Amalfi dall'alto: un colpo d'occhio magnifico in un posto insolitamente tranquillo. Vi si giunge percorrendo vicoletti e viuzze, oppure mediante un moderno ascensore che da piazza Municipio in circa un minuto consente di superare il dislivello di 80 metri.

Indirizzo Salita San Lorenzo del Piano, 84011 – Amalfi (SA) | Come arrivare Amalfi si raggiunge coi bus della compagnia Sita oppure da Salerno coi traghetti veloci della compagnia di navigazione Travelmar. Arrivando in auto, in alta stagione il parcheggio è difficile e ha tariffe piuttosto elevate | Orari Cimitero: lun, mer, ven, sab 8-12 e 15-17 (inverno) 17-19 (estate), dom solo mattina. Ascensore: tutti i giorni 8-24 | Un suggerimento Un altro posto dove trovare tranquillità a due passi dal caos del centro è largo Duchi Piccolomini. Incredibilmente privo di confusione, è il luogo ideale dove stare con sé stessi a pensare o, semplicemente, non fare niente.

13 Pasticceria Pansa

Luogo storico di raffinate delizie

La celebrità raggiunta da Amalfi è tale che una passeggiata nel centro storico rischia di lasciare frastornati. Nella ressa dei negozietti di souvenir è difficile ormai distinguere i luoghi di qualità. Tuttavia, un occhio attento nota che in piazza del Duomo, alla base della monumentale scalinata, fa capolino la vetrina di una pasticceria che si distingue dalla massa.

Varcando la porta si entra in un luogo annoverato tra i Locali Storici d'Italia, arredato in stile ottocentesco, con grandi specchi dorati che riflettono una lunga storia. Si tratta dell'antica Pasticceria Pansa, fondata nel 1830 e ancora gestita dalla famiglia originaria. La signora Carla Pansa, insieme ai figli Andrea, Nicola e Marilla, e a raffinati pasticcieri, prosegue l'impegno nell'utilizzo di materie prime locali e di alta qualità, caratteristica che colloca questa pasticceria in un olimpo ristretto.

Tra le specialità di Pansa, difficile rinunciare alla delizia al limone, un dolce soffice e freschissimo che naturalmente viene prodotto utilizzando solo limoni della varietà locale Sfusato Amalfitano. Poi la sfogliatella, nella versione classica oppure Santa Rosa, con crema pasticciera e amarena. Questo dolce prende il nome dal monastero, oggi hotel, che si trova presso Conca dei Marini, dove fu creata dalle suore nel XVIII secolo.

Ci si può tuffare nelle delizie di questa pasticceria in ogni stagione. In inverno va provata la speciale cioccolata calda; in estate, invece, il latte di mandorla, e naturalmente l'imperdibile granita al limone, preparata con frutti provenienti dall'agrumeto di famiglia. Alla Pasticceria Pansa persino un tè è speciale: viene preparato mettendo in infusione foglie intere.

E poi la pastiera, la caprese, la zagara divina, le tegole al cioccolato fondente, i croccantini alle nocciole, i biscotti al limone e i vari dolcetti di pasta di mandorle. Qui l'imbarazzo della scelta si accompagna solo al timore di sviluppare una vera e propria dipendenza.

Indirizzo Piazza Duomo 40, 84011 – Amalfi (SA), www.pasticceriapansa.it, info@pasticceriapansa.it, tel. 089.871065 | Come arrivare Amalfi si raggiunge coi bus della compagnia Sita oppure da Salerno coi traghetti veloci della compagnia di navigazione Travelmar. Arrivando in auto, in alta stagione il parcheggio è difficile e ha tariffe piuttosto elevate | Orari Tutti i giorni 7:30-23 | Un suggerimento A poca distanza da piazza Duomo si può visitare il Museo dell'Arsenale di Amalfi, allestito nei vecchi magazzini del porto (largo Cesareo Console 4, www.arsenalediamalfi.it, info@arsenalediamalfi.it, tel. 089.8736222).

14 La porta del duomo

Un gioiello ricco di segreti

Il duomo di Amalfi, noto anche come cattedrale di Sant'Andrea, è uno scrigno d'arte e architettura conosciuto in tutto il mondo. Elegante e slanciato, è situato in cima a una scenografica gradinata, da dove attira migliaia di visitatori.

La facciata è un brillante esempio di stile neomoresco con influenze neogotiche. Questo esuberante insieme di polifore ed elementi decorativi è il risultato di un rifacimento di fine Ottocento, quando un importante crollo offrì l'occasione per rimuovere gli stucchi barocchi che nel frattempo si erano sovrapposti. Fu allora che il duomo assunse lo splendido aspetto odierno.

L'interno regala una ricca complessità di elementi barocchi, affreschi, pilastri che includono le colonne antiche, e un maestoso soffitto a cassettoni. Le cappelle custodiscono opere rinascimentali e gotiche. A metà del XIII secolo parte della chiesa fu abbattuta per consentire la costruzione del chiostro del Paradiso, altro gioiello architettonico che impreziosisce il complesso.

Pochi però si soffermano sulla porta: realizzata in bronzo, fu fusa a Bisanzio intorno all'anno 1060, come si desume dall'iscrizione intestata al mecenate amalfitano Pantaleone de Comite Maurone, che ne finanziò la realizzazione. Da documenti e fotografie di inizio Novecento risulta che la porta versasse in un grave stato di degrado, quindi fu restaurata e le fu restituito quello che si ritiene fosse l'aspetto originario, visibile a tutt'oggi. Bassorilievi a forma di crocifisso incorniciano alcune figure di santi slanciati e dal volto argenteo, lucidato dai ripetuti sfregamenti dei fedeli.

Gli stipiti in marmo risalgono invece al XII secolo d.C. e sono impreziositi anch'essi da bassorilievi, in questo caso però con scene del mondo profano, opera di scultori di scuola abruzzese. In palese contrasto coi temi sacri presenti sulla porta, queste scene simboleggiano la precarietà umana al di fuori dei valori della Chiesa. Un abbinamento che conferisce all'insieme un evidente valore simbolico.

Indirizzo Cattedrale di Sant'Andrea, piazza Duomo, 84011 – Amalfi (SA) | Come arrivare Amalfi si raggiunge coi bus della compagnia Sita oppure da Salerno coi traghetti veloci della compagnia di navigazione Travelmar. Arrivando in auto, in alta stagione il parcheggio è difficile e ha tariffe piuttosto elevate | Orari Aperto tutti i giorni, ingresso gratuito durante le funzioni. Marzo-giugno: 9-18:45; luglio-settembre 9-19:45. Il biglietto permette di accedere anche al museo e al chiostro del Paradiso | Un suggerimento Nella cripta del duomo si venera una reliquia di sant'Andrea: la credenza popolare vuole che la tomba del santo trasudi un liquido oleoso definito *manna*.

15 Ristorante Da Ciccio

Cielo, mare e terra

In Costiera non mancano certo i posti dove assaporare la buona cucina locale, declinata in infinite varianti e servita anche in modi estremamente raffinati. Ci sono però luoghi speciali dove ritrovare il piacere di piatti antichi, legati al mare e alla terra amalfitana. Uno di questi è il Ristorante Da Ciccio, che vanta una tradizione tra le più antiche della zona.

A raccontarla è il giovane chef Marco Cavaliere, pronipote di zio Ciccio, che fu pescatore e contadino, secondo il detto "un piede in barca e uno nella vigna" coniato dallo storico Mario Del Treppo. Nel 1911 zio Ciccio aprì una trattoria seguendo le orme di un suo antenato, che già a fine Ottocento gestiva una bettola per i carrettieri che percorrevano la strada bianca tra Maiori e Positano.

"Cent'anni fa qui si mangiava solo caponata" racconta Marco. Oggi lui e i suoi fratelli Giuseppe, Antonio e Stefano propongono i frutti della loro passione per la cucina attingendo all'orto di famiglia, situato sui terrazzamenti del vicino paese di Scala. Dalla piccola azienda a conduzione familiare e certificata bio proviene infatti gran parte degli ingredienti impiegati nelle loro ricette. Persino i semi dell'orto sono prodotti in casa e conservati nello storico semenzaio ereditato dai nonni.

Da Ciccio si ritrova una cucina semplice, lontana dagli eccessi e dalle fantasiose varianti gourmet che ormai spopolano nella ristorazione. Ne è un esempio la zuppa di fagioli con le cozze farcite. Oppure lo spaghetto alle vongole al cartoccio, con olive, capperi, pomodorini e origano. O le alici alla piattella, con pomodorino, prezzemolo e qualche goccia di limone.

Vale la pena arrivare un po' prima per godersi l'aperitivo in terrazza guardando il mare. Il locale si trova su uno sperone roccioso, con vista sulla villa che fu di Sophia Loren e Carlo Ponti. Il connubio tra terra e mare è un elemento caratterizzante della Costiera Amalfitana. Nella natura, nella storia e nell'arte. E qui, anche a tavola.

Indirizzo Via G. Augustariccio 21, 84011 – Vettica di Amalfi (SA), www.ristorantedaciccio.com, info@ristorantedaciccio.com, tel. 089.831265, 345.3538935 | Come arrivare Amalfi è collegata coi bus di linea della compagnia Sita oppure via mare da frequenti corse della compagnia di navigazione Travelmar. Per il ristorante è più comodo spostarsi con auto propria | Orari Tutti i giorni a cena 19:30-22:30, sab e dom anche a pranzo 12:30-15, mar chiuso. Generalmente chiuso nel periodo invernale | Un suggerimento Poco dopo il bivio di Lone (vedi n. 9), imboccata la strada che sale ad Agerola, guardando in alto si vede uno dei più spettacolari archi di roccia della Costiera: è ciò che resta di un'antica grotta ormai erosa.

16 La piazzetta nascosta

Come una quinta teatrale

Atrani è il comune più piccolo d'Italia. Situato allo sbocco del torrente Dragone, è un minuscolo gruppo di abitazioni abbracciato dalle pareti rocciose. A ovest, sui costoni che la separano da Amalfi sorgono i borghi di Scala e Pontone e fanno capolino la Torre dello Ziro (vedi n. 84) e vari edifici rupestri costruiti in posizioni ardite. Sul lato opposto, i bastioni calcarei, a tratti verticali, sui quali è costruito il centro di Ravello con le sue splendide ville e monumenti.

Atrani è affacciata sul mare, con una bella spiaggetta e un piccolo attracco per barche private. La piazzetta principale del paese, piazza Umberto I, nell'Ottocento subì una sorte bizzarra col completamento della strada 163 Amalfitana (vedi n. 111), che con un ponte andò quasi a creare una barriera tra la piazza e il suo mare. Il risultato fu la nascita di uno scrigno riparato, quasi nascosto. Insieme al ponte, gli edifici che abbracciano la piazzetta formano quasi una quinta teatrale, con geometrie addossate l'una all'altra. Tra negozietti e caffè, con la fontana di inizio Novecento, qui per fortuna manca la confusione di piazzette ben più celebri, a cui questa non ha nulla da invidiare.

La chiesa di San Salvatore de' Birecto, proprio sulla piazza, è un luogo molto scenografico già dall'esterno, per la lunga scalinata bianca che la precede. Eretta nel X secolo, fu la cappella palatina dei duchi di Amalfi. Qui si celebrava la cerimonia di investitura dei dogi, che ricevevano la clamide e il caratteristico copricapo, chiamato appunto *birecto*. La porta in bronzo fa il paio con quella del duomo di Amalfi (vedi n. 14): fu fusa a Bisanzio nel 1087 in seguito a una commissione di Pantaleone Viarecta. La chiesa oggi è parte del patrimonio del Fondo Ambiente Italiano.

A pochi passi da qui, lungo la strada che conduce a Minori, poco prima di uscire da Atrani si trova la collegiata di Santa Maria Maddalena Penitente, in una magnifica e scenografica posizione sul costone roccioso e sul mare. Non a caso, è uno dei luoghi più fotografati della Costiera.

Indirizzo Piazza Umberto I, 84010 – Atrani (SA) | Come arrivare Atrani si raggiunge comodamente coi bus della compagnia Sita, oppure via mare coi traghetti della compagnia di navigazione Travelmar che fanno scalo nella vicina Amalfi | Orari Luogo all'aperto | Un suggerimento Proprio sotto gli archi della strada, il Ristorante Le Arcate propone piatti tradizionali e il famoso *sarchiapone*, una zucca lunga riempita con carne tritata, fritta e servita con sugo di pomodoro (largo Orlando Buonocore, www.learcateatrani.it, learcateatrani@gmail.com, tel. 089.871367).

17 Santa Maria del Bando

Un piccolo paradiso tra le rocce

Settecentocinquanta gradini. È questa la cifra che spaventa alcuni visitatori, ma per certi versi li seleziona e li affascina, promettendo un'esperienza fuori dal comune. La salita non è faticosa come potrebbe sembrare, e la ricompensa è assicurata.

Prenotata la visita con qualche giorno d'anticipo, ci si attrezza con scarpe comode, un cappello per il sole e una scorta d'acqua, e si parte in compagnia di una guida da piazza Umberto I ad Atrani per procedere tra le casette e i vicoli di questo piccolo borgo stretto tra il mare e la montagna. In alternativa, si può partire nei pressi del tunnel di collegamento con Amalfi, per poi ricongiungersi al percorso principale. Varcato un cancello che normalmente è chiuso (ad aprirlo ci pensa la guida), si procede da una rampa di gradini all'altra fino al santuario di Santa Maria del Bando, un piccolo edificio bianco e solitario costruito in una posizione privilegiata, tra le grotte e gli scavernamenti che traforano le pareti sopra Atrani.

Dallo slargo antistante la chiesa il panorama è mozzafiato, e si capisce l'origine del nome di questo luogo: da qui venivano letti i bandi, cioè gli annunci pubblici, in modo che potessero essere uditi da tutta la popolazione di Atrani. Al suo interno, il santuario conserva un bel pavimento originale del Settecento e alle spalle dell'altare un affresco del Quattrocento in attesa di restauro.

Nei pressi si può visitare anche la cosiddetta Grotta del Paradiso, esplorata da pochi anni, dove si vedono concrezioni, stalattiti e stalagmiti formatesi nel corso dei millenni. In un'altra caverna, conosciuta col nome di Grotta di Masaniello, sono state trovate tracce di un cenobio del IX secolo citato anche in antichi documenti. È probabile che qui verranno condotti scavi archeologici in futuro.

Il ritorno ad Atrani è comodo e ovviamente molto più veloce dell'andata. Si giunge in paese con gli occhi pieni di meraviglia, e con la soddisfazione di aver visto uno dei luoghi più affascinanti e originali della Costiera.

Indirizzo Via San Sebastiano, 84010 – Atrani (SA), www.santamariadelbando.it, giovanniproto1@alice.it | Come arrivare Atrani si raggiunge comodamente coi bus della compagnia Sita oppure via mare coi traghetti della compagnia di navigazione Travelmar che fanno scalo nella vicina Amalfi | Orari Solo visita guidata. Occorre chiamare con qualche giorno d'anticipo il responsabile del sito, Giovanni Proto (tel. 334.6658898) | Un suggerimento In piazza Umberto I il Bar Birecto è il luogo ideale per godersi una granita o un tegamino di spaghetti (tel. 089.871017).

18 L'antica corderia militare

Corde per i mari del mondo

Alla periferia occidentale di Castellammare di Stabia, sulla strada per Vico Equense, accanto ai grandi e storici cantieri navali c'è un alto muro. A un certo punto si incontra un cancello sovrastato dall'inconfondibile scritta "Corderia M. M.". Da questo varco si accede a un importante pezzo di storia marinara: la corderia della Marina Militare Italiana, tra le più importanti del Mediterraneo.

Nello stabilimento si producono cordami per uso marittimo dal 1796, com'è attestato da documenti ufficiali dell'epoca. I materiali utilizzati sono ancora la canapa, la sisal e la manilla, oltre ovviamente al polipropilene e altri moderni filati ad alta resistenza. Tutte le navi militari italiane utilizzano corde prodotte qui, e in particolare la *Amerigo Vespucci*, che accanto alle sue grandi vele sfoggia bellissimi cordami in canapa.

Dopo un lungo periodo di stallo industriale, oggi lo stabilimento è in rilancio ed è divenuto fornitore ufficiale anche della Marina Militare Francese, oltre che di diverse aziende e compagnie marittime private. Qui, inoltre, si sperimentano nuovi materiali e tecniche, ed è in corso un progetto per incentivare l'utilizzo di fibre naturali nelle reti per la mitilicoltura, allo scopo di ridurre l'inquinamento da plastica.

Oggi ormai la produzione delle corde è automatizzata, ma molte altre attrezzature, come le biscagline e le reti per naufraghi, vengono realizzate rigorosamente a mano per garantire una tenuta e una durata maggiori.

La visita permette di vedere una sala storica con strumentazioni antiche, tra cui una grande macchina che scorrendo su un binario lungo 300 metri produceva una corda intrecciata di uguale lunghezza. Nella stessa sala sono esposte foto d'epoca e alcuni oggetti di design realizzati utilizzando la canapa e altre fibre di origine naturale. Nello stabilimento vero e proprio si possono vedere all'opera le gigantesche macchine robotizzate grazie alle quali, partendo dal singolo filo, si producono le possenti corde usate dalle navi di mezzo mondo.

Indirizzo Via Guglielmo Acton 24, 80053 – Castellammare di Stabia (NA), www.agenziaindustriedifesa.it/unita-produttive, cordmil@aid.difesa.it, tel. 081.8711071 | Come arrivare La corderia si trova alla periferia di Castellammare di Stabia, per cui è consigliabile arrivarci in automobile. In alternativa si può raggiungere la città con Trenitalia o con la ferrovia Circumvesuviana, e poi usare i bus urbani della compagnia EAV | Orari Per la visita occorre prenotare scrivendo a cordmil@aid.difesa.it | Un suggerimento Durante la visita si può chiedere di vedere la piccola spiaggia di uso militare affacciata sul Golfo di Napoli, con il Vesuvio sullo sfondo.

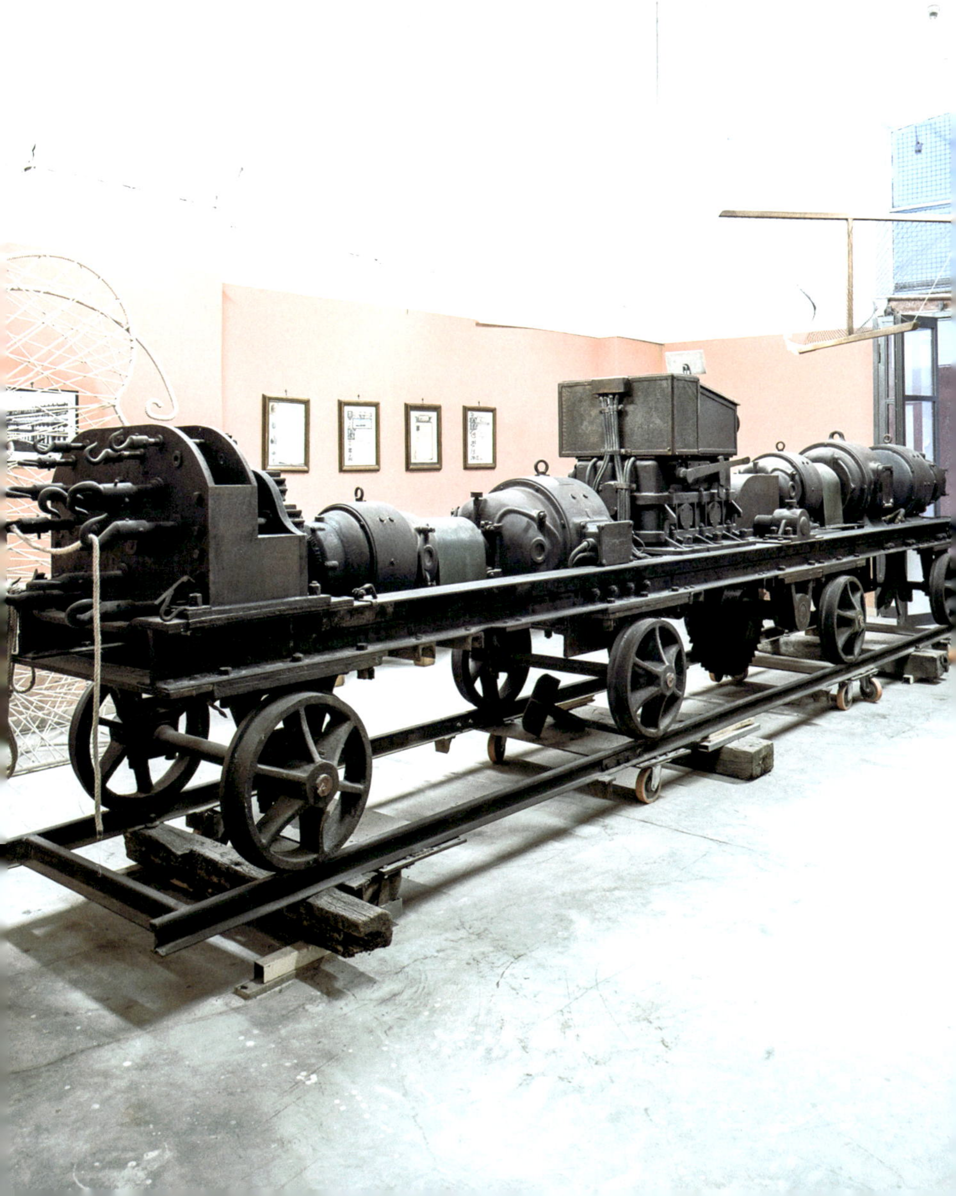

19_Biscottificio Cascone

Antiche tradizioni di famiglia

Fra le tipicità gastronomiche della Penisola Sorrentina ce n'è una semplice che sopravvive a mode e varianti. I biscotti di Castellammare, vera e propria icona della produzione dolciaria campana, si riconoscono per l'inconfondibile forma allungata che ricorda quella dei sigari. Il loro segreto è la semplicità, insieme alla lievitazione naturale che gli conferisce leggerezza e un sapore per niente edulcorato. Gli unici aromi impiegati sono il burro e la vaniglia. Anche la confezione è bella e nostalgica: un incarto blu con la scritta gialla che ricorda quello della pasta lunga della vicina Gragnano.

Una piccola vetrina a due passi dal mare annuncia il Biscottificio Cascone, fondato oltre un secolo fa, nel 1908. Qui il giovane Enzo raccoglie il testimone di quattro generazioni di biscottai stabiesi, a partire da Vincenzo Cascone e sua moglie Carmela, che iniziarono producendo pane e gallette secche adatte ai lunghi viaggi dei marinai di una volta. All'interno della bottega di famiglia (punto vendita e forno, tutto insieme), il tipico biscotto a forma di sigaro si accompagna ai classici taralli salati campani, ai biscotti all'anice e ai cantucci. Ma non mancano il pane di grano e di granone, e i taralli napoletani con sugna, pepe e mandorle. Per finire coi tarallini *nasprati,* ovvero glassati, altra tipicità locale (in napoletano, infatti, la glassa viene chiamata *nàspero*).

Enzo racconta anche un altro primato della famiglia: il papà Peppiniello fu timoniere negli anni d'oro del canottaggio italiano insieme ai fratelli Abbagnale, conquistando numerose medaglie olimpiche. Il forno, insomma, è un luogo di vanti sportivi, oltre che custode di storia e di memoria.

Lo stesso si può dire del Biscottificio Riccardi, parimenti antico e celebre, altro simbolo della tradizione dolciaria stabiese. Una visita a Castellammare non può prescindere da una sosta in questi due luoghi. Per assaggiare e per portarsi a casa i sapori semplici dei Monti Lattari e del loro legame col mare.

Indirizzo Via Bonito 179, 80053 – Castellammare di Stabia (NA), www.biscottificiocascone.it, info@biscottificiocascone.it, tel. 081.8712218, 340.1725272 | **Come arrivare** Castellammare di Stabia si raggiunge coi treni della Circumvesuviana e di Trenitalia, ed è collegata coi bus della compagnia Sita a vari centri dei Monti Lattari e della Costiera | **Orari** Estate: tutti i giorni 8-22; inverno: tutti i giorni 8:30-20:30 | **Un suggerimento** A pochi passi dal negozio si trovano le fontanelle dell'acqua della Madonna (attualmente chiuse), un esempio della ricchezza idrica che, con ben 28 acque differenti, valse alla città la sua fama di centro termale.

20 La cassa armonica

Architettura liberty dal gusto ispano-moresco

Si potrebbe eleggere a simbolo della città, questa struttura in stile liberty che campeggia luminosa nella Villa Comunale, accanto al lungomare. La cassa armonica fu progettata dall'architetto Eugenio Cosenza e inaugurata nell'aprile del 1900. Da allora rappresenta uno degli elementi distintivi di Castellammare di Stabia, insieme alle famose acque minerali.

La città è stata a lungo conosciuta per i cantieri navali e, appunto, per le ben ventotto sorgenti di acque con proprietà tutte diverse tra loro, conosciute fin dall'antichità. Acqua Acetosella, acqua acidula, acqua Muraglione, acqua Pozzillo, acqua magnesiaca e tante altre, fino alla famosa acqua della Madonna, ritenuta quasi miracolosa: la sua composizione bicarbonato-calcica la renderebbe infatti particolarmente adatta alla cura dei disturbi delle vie urinarie, perché diuretica e dissolvente dei calcoli renali.

La presenza delle acque ha reso Castellammare uno dei centri termali più apprezzati dell'Italia meridionale. Almeno fino agli anni Settanta del Novecento, quando le terme caddero dapprima in rovina, poi in un triste dimenticatoio. Le ragioni sono da imputare alle mutate esigenze del turismo termale, oltre che probabilmente a politiche miopi e non al passo coi tempi.

A queste alterne vicende è sopravvissuta per fortuna la cassa armonica, tra i pochi podi bandistici in Italia. Fu ideata per amplificare e armonizzare i suoni prodotti al suo interno dagli strumenti delle bande musicali. Lo stile liberty di ispirazione ispano-moresca la colloca tra gli esempi più raffinati in Europa. Le forme attuali sono leggermente diverse dall'originale perché la struttura, fortemente danneggiata da una mareggiata, fu rifatta una decina di anni dopo la prima inaugurazione. Artefice della ricostruzione fu lo stesso architetto Cosenza. Un ulteriore intervento di restauro è stato realizzato alla fine degli anni Ottanta, e da allora questa splendida cassa armonica è tornata a fare bella mostra di sé sul lungomare di Castellammare.

Indirizzo Villa Comunale, piazza Principe Umberto, 80053 – Castellammare di Stabia (NA) | Come arrivare Castellammare di Stabia si raggiunge coi treni della Circumvesuviana e di Trenitalia, ed è collegata coi bus della compagnia Sita a vari centri dei Monti Lattari e della Costiera | Orari Luogo all'aperto | Un suggerimento A poca distanza si può mangiare un ottimo gelato al Mago del Gelo (via Giuseppe Bonito 31, tel. 081.8713248, chiuso il mercoledì).

21 Funivia del Faito

Un viaggio mozzafiato

Sui Monti Lattari è in funzione un'antica funivia, tra le poche dell'Italia meridionale non legate a una stazione sciistica. La funivia del Faito permette di salire dal centro di Castellammare di Stabia fino alle pendici dell'omonimo monte, giungendo a oltre 1.000 metri di quota e regalando una veduta impareggiabile sul Golfo di Napoli.

Si parte dalla stazione ferroviaria della Circumvesuviana, dove fermano i treni che collegano Napoli, Pompei e Sorrento, e in funivia si raggiunge la stazione superiore in otto minuti: un tempo sufficiente per apprezzare il panorama che va facendosi via via più ampio man mano che si guadagna quota. Nella parte alta la vista è così ampia, col cono del Vesuvio sullo sfondo, che sembra di essere in aereo. Alla stazione superiore è in funzione un bar ed è molto piacevole fermarsi a sorseggiare una bibita sul belvedere.

L'impianto attuale è stato inaugurato nel 1952 ed è dotato di moderne cabine che consentono il trasporto di trentacinque passeggeri, coprendo una distanza di circa 3 chilometri e un dislivello di 1.060 metri. È gestito dall'Ente Autonomo Volturno (EAV), lo stesso che amministra la ferrovia Circumvesuviana e altre ferrovie e linee di bus di questa parte della Campania. Il tracciato ricalca quello di un'antica funivia, ovviamente molto più rudimentale, utilizzata un tempo per trasportare a valle il ghiaccio ricavato dalle neviere, in modo che potesse essere imbarcato velocemente alla volta di Napoli.

Partendo dalla stazione superiore, si possono fare belle passeggiate nei boschi di faggio (il toponimo Faito deriva appunto da *faggeta*) e si può compiere anche una vera e propria escursione fino alla vetta del Monte Molare o San Michele (1.444 m), dove il panorama è davvero eccezionale (vedi n. 100). Chi desidera avventurarsi, però, necessita di un minimo di preparazione tecnica e del giusto equipaggiamento. Anche il ritorno a Castellammare di Stabia in funivia è spettacolare, col mare che si avvicina sempre più. È come fare un tuffo nel Golfo di Napoli.

Indirizzo Stazione inferiore: piazza Unità d'Italia, 80053 – Castellammare di Stabia (NA), www.eavsrl.it, tel. 800.211388 | Come arrivare Castellammare di Stabia si raggiunge coi treni della Circumvesuviana e di Trenitalia, ed è collegata coi bus della compagnia Sita a vari centri dei Monti Lattari e della Costiera | Orari Gli orari dipendono dalla stagione. In estate la funivia è generalmente aperta 8-20, con corse ogni 20 minuti circa. Nelle altre stagioni orari e frequenze sono ridotti. La funivia resta chiusa tra novembre e marzo. I biglietti si possono acquistare sul posto o tramite l'app scaricabile dal sito www.eavsrl.it | Un suggerimento Nei pressi della stazione inferiore della funivia si può gustare un'ottima cucina presso la Taverna Mafalda (via Padre Kolbe 24, www.mafaldahub.it, tel. 081.19093381).

22 Museo Libero D'Orsi

Meraviglie del passato in una reggia borbonica

Il tour delle bellezze romane dell'antica *Stabiae* non può dirsi completo senza una visita al nuovissimo Museo Archeologico di Stabia, dal 2020 ospitato nel grande edificio della Reggia Quisisana. La struttura, risalente al periodo angioino, ha assunto l'aspetto attuale in epoca borbonica in seguito a un massiccio rifacimento. Si trova all'interno di un grande e bellissimo parco, dal quale si gode di un'ampia vista sul Golfo di Napoli e sul Vesuvio.

Il museo è intitolato a Libero D'Orsi (1888-1977), archeologo originario di Castellammare di Stabia e protagonista della prima stagione di scavi con impostazione scientifica nel sito di *Stabiae*, a metà Novecento, dopo i primi scavi voluti dai Borbone. La gran parte dei reperti qui conservati proviene dall'*antiquarium* fondato dallo stesso D'Orsi e situato precedentemente nel centro città.

La collezione annovera reperti rinvenuti sia nelle ville romane per l'*otium*, cioè lo svago (vedi n. 23), sia in quelle rustiche, ovvero le fattorie finalizzate alla produzione. Abbondano gli oggetti provenienti dagli scavi eseguiti nelle ville di San Marco e di Arianna a *Stabiae* e nella villa di Poppea a *Oplontis*. Tra questi ci sono anche splendidi resti di affreschi staccati dalle pareti delle ville e qui conservati insieme a vasellame, ornamenti, edicole votive ecc. Altri reperti provengono da ville e siti meno noti come ad esempio quelli delle aree di Sant'Antonio Abate e Santa Maria la Carità. E soprattutto dalla villa di Carmiano nel territorio di Gragnano, una delle oltre cinquanta ville rustiche conosciute nell'*ager stabianus*, un'area che in epoca romana era coltivata a vigneti e uliveti.

Il percorso di visita illustra la storia dell'edificio fin dalle sue origini angioine, per poi passare a reperti provenienti da necropoli arcaiche (VII-III secolo a.C.) e materiali da altri siti preromani (IV-II secolo a.C.), fino alle varie tappe degli scavi archeologici delle ville di *Stabiae*, avviati appunto dai Borbone, a lungo interrotti e ripresi solo intorno al 1950 grazie alla passione di Libero D'Orsi.

Indirizzo Reggia Quisisana, via Quisisana 73, 80053 – Castellammare di Stabia (NA), tel. 081.8575347 | **Come arrivare** Castellammare di Stabia si raggiunge coi treni della Circumvesuviana e di Trenitalia, ed è collegata coi bus della compagnia Sita a vari centri dei Monti Lattari e della Costiera. I bus urbani sono gestiti dalla compagnia EAV | **Orari** Al momento di andare in stampa il museo è in corso di riallestimento. Per gli orari consultare il sito www.pompeiisites.org | **Un suggerimento** A poca distanza dal museo, tra i castagneti del Monte Faito, l'Agriturismo Quisisana è perfetto per assaggiare la cucina locale e pernottare in camere con vista sul Golfo (via Pantanella 7, www.agriturismoquisisana.it, tel. 081.8704554, 368.602778, 338.9705678).

23 Le ville romane

L'eleganza di antichi ozi

In epoca romana, nei pressi dell'odierna Castellammare sorgevano molte ville per l'*otium*, realizzate cioè a scopo di residenza o vacanza. Si trovavano in posizioni panoramiche ed erano generalmente enormi, con edifici articolati e molto estesi, terme, portici e ninfei ricchissimi di decorazioni di ogni genere, tra cui statue, mosaici e pitture. L'insieme di questi insediamenti e il centro abitato vero e proprio costituivano *Stabiae*, città che ebbe un ruolo commerciale e strategico già in età arcaica, cioè intorno all'VIII secolo a.C.

La parte principale dell'insediamento risale al periodo compreso tra la distruzione della città per opera di Silla (89 a.C.) e l'eruzione del Vesuvio (79 d.C.) che devastò un'ampia area intorno al vulcano, incluse Ercolano e Pompei.

Meno noti rispetto agli scavi di queste due famosissime città romane, quelli di *Stabiae* riservano comunque molte sorprese al visitatore, soprattutto per l'ottimo stato di conservazione delle sue ville. Le più celebri e meglio conservate sono situate sul pianoro di Varano, una piccola altura nella parte orientale della città odierna. Qui si trovano la Villa del Pastore, Villa San Marco, Villa Arianna e il cosiddetto Secondo Complesso, tutte esplorate a partire dal Settecento.

Mentre la Villa del Pastore attende ancora uno scavo sistematico, gli altri tre complessi sono stati ben studiati ed è possibile visitarli. Villa San Marco, estesa per ben 11.000 metri quadrati, era una delle più vaste di *Stabiae* e sorgeva in posizione attigua al centro abitato. È famosa per i suoi ambienti vasti ed eleganti e per gli splendidi affreschi magnificamente conservati. La più antica invece è Villa Arianna, così chiamata per una grande pittura a soggetto mitologico presente nel triclinio. Una stradina la separa dal Secondo Complesso, scavato per una superficie di circa 1.000 metri quadrati.

Visitare questi luoghi permette di farsi un'idea della considerevole estensione delle ville romane e della loro diffusione nell'area intorno al Vesuvio fino alle pendici dei Monti Lattari.

Indirizzo Scavi di *Stabiae*, passeggiata archeologica, 80053 – Castellammare di Stabia (NA), www.pompeiisites.org/stabiae, pompei.info@cultura.gov.it, tel. 081.8575347 | Come arrivare Castellammare di Stabia si raggiunge coi treni della Circumvesuviana e di Trenitalia, ed è collegata coi bus della compagnia Sita a vari centri dei Monti Lattari e della Costiera. La linea di bus urbani è la n. 1 rossa | Orari Novembre-marzo: 9-17, ultimo ingresso alle 16; aprile-ottobre: 9-19, ultimo ingresso alle 18 | Un suggerimento Nei pressi di Villa San Marco si può mangiare o anche solo prendere un gelato o godere della piscina ai Giardini dei Cesari (via Varano 2, www.giardinideicesari.com, tel. 081.8717799).

24 Badia della Trinità

Un concentrato di tesori sotto la montagna

Alle pendici orientali dei Monti Lattari, appena fuori dalla città di Cava de'Tirreni, si trova uno dei gioielli benedettini d'Italia. Il primo passo che portò alla fondazione di questa abbazia si deve a sant'Alferio, un nobile salernitano che nel 1011 si ritirò in eremitaggio nella grotta chiamata Arsicia. L'arrivo di discepoli lo indusse a costruire un primo edificio, che andò via via ingrandendosi per accogliere le esigenze di una comunità crescente di religiosi. Nel volgere di pochi decenni questo luogo dedicato alla Santissima Trinità assunse sempre maggiore importanza, fino a essere visitato e consacrato nel 1092 da papa Urbano II. Divenne così il centro di una potente congregazione monastica che controllava centinaia di chiese e monasteri in tutto il sud della penisola italiana.

Il complesso è un incredibile concentrato di opere d'arte. A partire dalla basilica con la cappella dei padri cavensi e la grotta di sant'Alferio, e proseguendo nello splendido chiostro romanico del XIII secolo, addossato alla roccia, con sarcofagi romani e dipinti. La sala del capitolo antico, anch'essa risalente al XIII secolo, è un autentico scrigno di meraviglie. Nella parte sotterranea si scopre la stratificazione del complesso abbaziale: la cripta del XII secolo, parzialmente scavata nella roccia, è sorretta da antiche colonne con capitelli in stile longobardo. Il museo custodisce preziosi tesori d'arte, sculture, paramenti sacri, dipinti e tele di scuola napoletana. La biblioteca, infine, dichiarata Monumento Nazionale, conserva 80.000 tra volumi e incunaboli, alcuni dei quali risalenti all'XI secolo, e una pergamena dell'anno 792.

Dal piazzale della badia si può scendere nella forra, percorsa da un torrente, e vedere un frammento di acquedotto di epoca romana. Da qui parte un sentiero che, in tre ore di salita, raggiunge il santuario dell'Avvocata (vedi n. 44), dove i monaci benedettini celebrano messa in determinati giorni dell'anno. Un altro ottimo motivo per visitare questo luogo incantevole nascosto tra i monti.

Indirizzo Via Michele Morcaldi 6, 84013 – Cava de' Tirreni (SA), www.badiadicava.it, tel. 089.463922 (badia), 089.345255 (biblioteca) | **Come arrivare** Cava de' Tirreni è servita da Trenitalia e dai bus SITA da Napoli e CSTP da Salerno. Quest'ultima compagnia collega anche direttamente la badia, con partenza ogni 30 minuti da viale Crispi, presso il municipio | **Orari** Visite guidate tutti i giorni alle 9, 10, 11 e 12 | **Un suggerimento** Una passeggiata nel borgo Scacciaventi, la parte più antica di Cava de' Tirreni.

25 Nettuno

Colatura di alici e altre bontà

Non tutti sono in grado di apprezzarla, ma è una delle delizie gastronomiche dell'Italia meridionale. La colatura di alici è un tipico preparato di Cetara in forma di salsa, molto apprezzato dagli intenditori e dagli amanti del mare, proprio per il forte aroma che richiama questo elemento.

Nettuno è una piccola azienda artigianale fondata nel 1950 e specializzata in prodotti ittici conservati a base di alici. Qui nascono squisite alici marinate o salate, filetti di alici semplici o piccanti, tonno di tonnara, e pesto alla cetarese (ovvero il classico pesto di basilico e pinoli rivisitato con l'aggiunta di olive e colatura di alici).

Ed è proprio quest'ultima, la colatura, la vera specialità dell'azienda Nettuno e in generale del paese di Cetara. Nella piccola fabbrica lavorano Vincenzo e Giulio, figli del fondatore Raffaele Giordano. Nel loro laboratorio le alici appena pescate vengono eviscerate e *scapezzate*, cioè decapitate, per poi essere trattate secondo il metodo antico. Dapprima vengono adagiate a strati alternati con il sale in un recipiente in legno chiamato *terzigno*, delle dimensioni di un terzo di botte. Posizionate con cura in modo da evitare gli spazi vuoti, le alici sono poi pressate da un coperchio in legno chiamato *tompagno*, che viene appesantito posizionandoci sopra un grosso ciottolo. Questo favorisce la pressatura, che dura dai dodici ai diciotto mesi. Alla fine di questo periodo il *terzigno* viene forato alla base con un attrezzo appuntito chiamato *vriale*. Da questo foro gocciola lentamente la colatura, un liquido ambrato e brillante, salato e fortemente aromatico, che viene raccolto in un recipiente in vetro, pronto per essere imbottigliato.

La colatura di alici è spesso impiegata nella preparazione di ricette tipiche della Costiera Amalfitana, primi fra tutti gli spaghetti con la colatura, una vera e propria squisitezza. Per chi ne ama l'aroma, questo prezioso liquido può essere utilizzato per sperimentare e arricchire diverse ricette ispirate al mare.

Indirizzo Corso Umberto I 64, 84010 – Cetara (SA), www.nettunocetara.it, tel. 089.261147 | Come arrivare Cetara è servita dai bus della compagnia Sita | Orari Lun-sab 8-19, dom 8-12 | Un suggerimento Ottimo tonno rosso o alici si possono degustare presso la Dispensa di Armatore, un'azienda che pesca e porta direttamente in tavola il suo pescato (via Cantone 1, www.armatorecetara.it, ladispensa@armatorecetara.it, tel. 089.262034).

26 Torre Vicereale

Da struttura militare a custode dell'arte

Nel tratto di costa che va da Vietri a Positano, tra scogliere e alte pareti, occhieggiano una trentina di torri difensive. Furono costruite nel corso di circa ottocento anni, a partire dal IX secolo fino ad arrivare al XVII secolo, cioè dal periodo bizantino passando per le diverse dominazioni che si sono succedute in quest'area: Svevi, Angioini, Aragonesi, per finire coi viceré spagnoli. Realizzate per difendere gli insediamenti della costa dalle incursioni saracene e corsare provenienti dal mare, fanno parte del vasto sistema difensivo che in tutta l'Italia meridionale conta circa quattrocento torri.

La torre affacciata sul mare di Cetara ha origini angioine, come si evince dalla base cilindrica, ma l'aspetto odierno è chiaramente aragonese. A questo periodo risalgono le aggiunte successive, a loro volta rimaneggiate fino al periodo borbonico quando, alla fine dell'Ottocento, furono costruiti altri due piani. Essendo nel frattempo cessata la necessità di difendere la costa e quindi mutata la funzione delle torri, le ultime aggiunte avevano scopo puramente abitativo.

Negli anni Novanta l'edificio è stato acquisito dal Comune e restaurato. Oggi ospita il Museo Civico di Cetara, con opere di artisti cetaresi e della Costiera, i cosiddetti *costaioli*, esponenti della pittura napoletana del secondo Ottocento. Una sezione è dedicata al progetto Museo Vivo, con lavori di grandi pittori, scultori, musicisti e intellettuali italiani che si rifanno alla tradizione locale e alla ceramica vietrese. Un posto speciale è occupato dalla figura di Manfredi Nicoletti, pittore tra i massimi rappresentanti del folto gruppo di artisti dell'area maiorese, molto influente all'inizio del Novecento.

La parte inferiore della torre è riservata al Museo Cantina della Pesca e della Colatura di Alici, pensato per custodire botti e *terzigni* utilizzati per produrre il prezioso liquido (vedi n. 25), oltre a libri e documenti storici legati alla pesca e alla storia di Cetara.

La visita della torre è il modo giusto per immergersi nella storia, nell'arte e nel gusto della Costiera.

Indirizzo Via Lannio 2, 84010 – Cetara (SA), www.torredicetara.it | Come arrivare Cetara è servita dai bus della compagnia Sita e dai traghetti veloci della compagnia di navigazione Travelmar | Orari Visite guidate su prenotazione: tel. 089.262911, 089.262915 in orari d'ufficio | Un suggerimento Il Ristorante Cetarii, specializzato in prodotti locali e del mare, offre anche una cucina a base di colatura di alici (via Marina 48/50, tel. 335.5246125, chiuso il lunedì).

27 Chiesa di Sant'Antonio

Magnifica vista sul mare

Sembra decorata da un pasticcere barocco, la facciata di questa chiesa che si sporge da un terrazzo sul mare della Costiera. La forma è un po' tozza e bassa; il colore rosso, insolito per un edificio religioso, è alternato al chiaro delle lesene e delle altre decorazioni barocche in stucco. Oltre che a sant'Antonio da Padova, protettore di Conca dei Marini, la chiesa è dedicata anche a san Giovanni Battista, ma è conosciuta dai locali col primo nome.

Viaggiando tra Amalfi e Agerola, vale decisamente la pena fare una piccola deviazione e venire ad ammirare la chiesa nel suo contesto paesaggistico. Conviene osservarla dall'alto, cioè da via I Maggio: percorrendo la strada in discesa, poco dopo lo slargo che fiancheggia il lato destro dell'edificio, inizia una breve gradinata che conduce alla chiesa. È questo il miglior punto di osservazione. Dal piazzale antistante si gode invece di un magnifico panorama su un ampio tratto di Costiera.

La chiesa ha il fianco sinistro addossato al costone roccioso. L'interno, privo di absidi, ha tre navate suddivise da pilastri con archi a tutto sesto. L'aspetto è piuttosto tozzo, ma presenta una sua armonia anche cromatica, culminando in volte a crociera completamente ricoperte di stucchi barocchi. Vari elementi architettonici, come alcuni archi ogivali, indicano che la chiesa – o almeno parte di essa – risale a un periodo molto precedente al XVI secolo. Sebbene diverse opere siano state trafugate nel corso dei secoli, è ancora visibile l'organo che fu donato dai fedeli nel 1926. Una statua della Madonna, molto venerata, viene portata in processione il Venerdì Santo. Alcuni ambienti sono probabilmente di epoca pagana. La sagrestia ha un bel pavimento maiolicato, mentre il resto della chiesa è stato ripavimentato nel corso di un restauro di inizio Novecento. Decorata a maioliche è anche la cupoletta che sormonta il piccolo campanile a lato della chiesa.

Qui non c'è mai confusione. È il luogo ideale per godersi un po' di tranquillità, non solo spirituale, vista mare.

Indirizzo Largo Sant'Antonio, 84010 – Conca dei Marini (SA) | Come arrivare Conca dei Marini è servita dai bus della compagnia Sita | Orari Aperta durante le funzioni religiose | Un suggerimento A poca distanza dalla chiesa, Wine Tour Amalfi Coast offre esperienze legate al vino e alla gastronomia della Costiera, e non solo (www.winetouramalficoast.com, info@winetouramalficoast.com, tel. 089.831055, 333.3432830).

28 Grotta dello Smeraldo

Scintillante scrigno di geologia

Tra le molte grotte turistiche italiane, quella dello Smeraldo spicca per la sua posizione sul mare e per il fatto che la si visita in barca, navigando su un'acqua incredibilmente limpida e turchese. Nelle giornate soleggiate, la volta della cavità è rischiarata dai riflessi della luce che scintilla sul fondale.

All'interno della grotta si possono vedere molte concrezioni, stalattiti e stalagmiti, formatesi per precipitazione di carbonato di calcio, cioè per la deposizione di questo minerale disciolto nell'acqua che ha attraversato spessi strati di roccia fino a sbucare sul soffitto della grotta. In alcuni casi si può osservare come la stalattite, cioè la parte che pende dal soffitto, sia arrivata a congiungersi con la corrispondente stalagmite, cioè la parte cresciuta dal pavimento verso l'alto. In questo modo sono nate le cosiddette "colonne", possenti pilastri di origine naturale che si riflettono sulla superficie dell'acqua.

Alcune di queste concrezioni, infatti, si trovano oggi sotto il livello del mare, ma si sono formate evidentemente in un'epoca in cui la grotta era completamente emersa. È un aspetto molto interessante anche dal punto di vista scientifico perché racconta una parte della travagliata storia geologica di questo versante dei Monti Lattari e testimonia le variazioni del livello del mare nel corso delle epoche geologiche anche recenti.

La grotta fu scoperta nel 1932 dal pescatore Luigi Buonocore, e divenne fin da subito famosa, anche grazie alla vicinanza di Amalfi, che era già molto in voga come meta turistica. L'accesso può avvenire da terra mediante un ascensore, oppure dal mare, giungendo sul posto a bordo dei piccoli battelli che partono dal vicino porto di Amalfi. Quest'ultima modalità, sebbene più costosa, è sicuramente la più affascinante perché permette al tempo stesso di ammirare uno dei tratti più belli della Costiera, qui caratterizzata da scogli e pareti a picco. Per poi immergersi nell'ambiente della grotta, sospesa tra il mare e la roccia.

Indirizzo Via Smeraldo, 84010 – Conca dei Marini (SA), tel. 098.857096 | **Come arrivare** Alla grotta si può giungere mediante bus della compagnia Sita | **Orari** Tutti i giorni 10-16. Chiusa in caso di condizioni marine avverse. In bassa stagione osserva orari ridotti | **Un suggerimento** Durante la visita si scorge sottacqua un presepe sottomarino realizzato nel 1956 con pastori in ceramica.

29 Torre del Capo di Conca

Protesa sulle rocce e sul mare

Le torri che punteggiano la Costiera Amalfitana sono di due tipi. Quelle cilindriche solitamente sorgono in posizioni elevate, e servivano a tenere sotto osservazione la zona circostante e lanciare l'allarme in caso di pericolo. Sono in genere anche le più antiche. Il secondo tipo, a pianta quadrangolare, risale al periodo successivo all'avvento della polvere da sparo e dell'artiglieria, che rese indispensabili muri più massicci.

La loro costruzione fu ordinata dal viceré di Napoli, don Pedro Álvarez de Toledo y Zúñiga, all'inizio del XVI secolo. Le torri risalenti a questo periodo avevano funzione di avvistamento ma anche di difesa attiva. Spesso, infatti, erano dotate di cannoni in grado di sparare verso il mare e colpire anche a una certa distanza le imbarcazioni nemiche che si avvicinavano alla costa. Oltre ai cannoni, nelle torri c'erano i cosiddetti *petrieri*, ovvero piccole catapulte che lanciavano pietre verso il basso colpendo imbarcazioni vicine. Per la loro funzione anti-saracena, queste torri vengono spesso definite impropriamente "saracene". Nel corso dell'Ottocento, coi Borbone, cessata la necessità di difendere la costa, molte di esse cambiarono funzione e divennero abitazioni, fari oppure stazioni telegrafiche.

La torre di Conca dei Marini, chiamata anche Torre Bianca, è un edificio cinquecentesco collocato in modo scenografico sul promontorio roccioso di Capo di Conca e circondato dalla macchia mediterranea. Composta da un unico ambiente al piano inferiore e due a quello superiore, dopo il periodo borbonico e fino al 1949 venne utilizzata anche come luogo cimiteriale.

Oggi l'edificio è pubblico e ospita spesso eventi e mostre. Il tratto di costa sottostante è attrezzato con uno stabilimento balneare molto accorsato durante l'alta stagione. Il che è perfettamente comprensibile, trattandosi di un luogo antico e di grande fascino, proprio per la presenza di questa bellissima torre che si protende su un mare già di per sé splendido.

Indirizzo Via Capo di Conca 23, 84010 – Conca dei Marini (SA) | Come arrivare Conca dei Marini è servita dai bus della compagnia Sita | Orari A seconda degli eventi | Un suggerimento Durante la bella stagione si può fare il bagno proprio sotto la torre, presso il Lido Capo di Conca, dotato anche di ristorante (www.capodiconca.it, info@capodiconca.it, tel. 089.831512, 368.3761064).

30_Il pomodorino corbarino

Rosso fuoco, sapore di mare

Nel panorama agricolo italiano, la Campania è senza dubbio ai primi posti nella produzione della *pummarola*, come viene chiamato in napoletano il pomodoro. Questo frutto di colore rosso vivo è un ingrediente fondamentale nella cucina mediterranea e di molti Paesi del mondo.

Ed è proprio in Campania che la produzione si è sbizzarrita in molteplici varietà. Alle pendici dei Monti Lattari, nei terreni di origine vulcanica (per le eruzioni del vicino Vesuvio), si coltiva una particolare varietà di pomodoro, definito *corbarino* dal nome del luogo di origine, Corbara. La sua coltivazione è diffusa su entrambi i versanti della Costiera e anche nell'entroterra, nella zona pompeiana-stabiese e fino all'Agro nocerino-sarnese.

Si tratta di un pomodoro piccolo e leggermente allungato, dall'intenso sapore agrodolce e molto adatto alla conservazione. Mantenuto in grappoli, il corbarino dura anche per tutto l'inverno. Fino a pochi decenni fa veniva coltivato in piccoli appezzamenti di terreno ricavati sui versanti montuosi ed era destinato esclusivamente al consumo locale. Oggi, per soddisfare la crescente richiesta, la coltivazione si è estesa anche ai terreni più pianeggianti, ma resta sempre all'aperto, senza l'uso di serre.

Il corbarino è molto saporito da fresco. Viene impiegato ad esempio nella preparazione del sugo con le vongole *fujute*, cioè… senza vongole, ma con un profumo che sa di mare: l'aroma si deve alla capacità di questo pomodoro di trattenere le essenze salmastre date dalla semplice vicinanza del mare. La naturale vocazione del corbarino è però la conserva, in vetro o in latta: squisito nella versione *a pacchetelle*, cioè tagliato a filetti, oppure sotto forma di passata, o intero in acqua e sale, per diversi usi.

Ottimi corbarini sono quelli prodotti dalla piccola azienda I Sapori di Corbara, che lavora a mano e produce anche pomodorini gialli e San Marzano, frutta, ortaggi e creme lavorate. C'è da leccarsi i baffi.

Indirizzo I Sapori di Corbara, via Luigi Novi 11, 84010 – Corbara (SA), www.isaporidicorbara.it, info@isaporidicorbara.it, tel. 081.19328778 | Come arrivare Corbara si raggiunge coi bus della compagnia Sita | Orari L'azienda non ha punti vendita, ma lavora online. Nei mesi di luglio e agosto, su appuntamento, si può assistere alla lavorazione | Un suggerimento Con una breve passeggiata dal centro di Corbara si possono raggiungere i ruderi dell'eremo di Sant'Angelo, in cima a un colle panoramico.

31 Cantine Marisa Cuomo

Gran Furor Divina Costiera

In un contesto paesaggistico mozzafiato, tra forre e pareti, in Costiera Amalfitana si pratica una viticoltura eroica. Ne nascono vini figli della fatica e del sudore, ottenuti in zone spesso impervie, su terrazzamenti e piccoli fazzoletti di terra dove sembra impossibile che l'uomo sia riuscito a impiantare e coltivare vigneti. Il risultato di tanto lavoro è ottimo. Ne sono un esempio i vini prodotti dalla Cantina Marisa Cuomo, fondata nel 1980 da Andrea Ferraioli e Marisa Cuomo, che acquisirono il marchio "Gran Furor Divina Costiera", nato nel 1942 per identificare i vini della Costa di Furore. La cantina ha sede proprio nel paesino di Furore, conosciuto per i suoi murales (vedi n. 33), e dispone di circa 10 ettari di vigneti. Negli anni ha ricevuto innumerevoli riconoscimenti internazionali.

I vitigni che utilizza sono quelli locali, cioè il Biancolella e la Falanghina (che combinati tra loro danno vita al Furore Bianco), e l'Aglianico e il Per' e Palummo (dai quali si ottiene il Furore Rosso). Particolarmente pregiati sono il Furore Rosso Riserva, invecchiato dodici mesi in barrique di rovere francese, e il Fiorduva, un bianco che rientra nella categoria dei "vini estremi", composto da uve Fenile, Ginestra e Ripoli fermentate a 12 °C per circa tre mesi. Tecniche simili vengono utilizzate per produrre il Ravello Bianco e Rosso, ma con le stesse uve utilizzate per il Furore. Infine, il Costa d'Amalfi – nelle versioni rosso, bianco e rosato – si ottiene da vitigni provenienti dalla zona DOC di Cetara e Raito. La vendemmia qui è tardiva e la resa piuttosto bassa. La produzione sfiora le cinquantamila bottiglie l'anno, per oltre la metà di vino bianco, e si avvale della collaborazione dell'enologo Luigi Moio.

Prenotando una visita guidata è possibile vedere da vicino l'intero ciclo produttivo, dalla vendemmia (nella stagione adatta) fino alla vinificazione, alla conservazione in una suggestiva cantina scavata nella roccia, e all'imbottigliamento. La visita si conclude con una splendida degustazione.

Indirizzo Cantine Marisa Cuomo, via G.B. Lama 16-18, 84010 – Furore (SA), www.marisacuomo.com, info@marisacuomo.com, tel. 089.830348 | Come arrivare Furore è raggiungibile coi bus della compagnia Sita | Orari Lun-ven 9-13 e 15-18. Visite guidate e degustazioni: lun-sab 10-17 (tel. 333.4313667) | Un suggerimento Nei pressi della cantina si può mangiare e soggiornare all'Osteria Bacco (www.baccofurore.it). Le camere sono impreziosite da opere di vari artisti, tra cui Mary Cinque di Agerola (vedi n. 1).

32 Fiordo di Furore

Borgo di pescatori in fondo a un canyon

Percorrendo la splendida strada statale 163 Amalfitana (vedi n. 111) tra Conca dei Marini e Praiano, a un certo punto, dopo la Grotta dello Smeraldo (vedi n. 28) e un breve tunnel, si supera un ponte cui segue una strettoia scavata nella roccia. Dal ponte, gettando lo sguardo sulla destra, si vede una stretta valle in fondo alla quale stanno arroccate le casette di un antico villaggio di pescatori. È il cosiddetto Fiordo di Furore, lo sbocco di un vero e proprio canyon scavato dal torrente Schiato, che proviene dalle alture di Agerola.

Il villaggio è stato restaurato e oggi è un luogo incantato, con la sua minuscola spiaggetta e le poche barche tirate in secca sulla ghiaia. Subito dopo il ponte una scalinata permette di scendere per raggiungerlo e ammirare la valle stretta tra le alte pareti in tutta la sua bellezza. Dalla spiaggia si vede bene il ponte che con la sua arcata collega i due lati del canyon. Qui ogni anno in luglio si svolge una gara di tuffi tra le più gettonate della Costiera: gli atleti si lanciano da una pedana posta a 28 metri d'altezza.

Alla fama di questo luogo ineffabile ha contribuito, nel 1948, il film *L'amore* di Roberto Rossellini, con una magnifica Anna Magnani. L'insieme delle abitazioni, delle barchette e dei ripidi versanti della valle costituisce inoltre un'ottima quinta scenografica per gli amanti della fotografia.

Nella bella stagione, il Fiordo di Furore è un magnifico posto dove fare il bagno, anche perché, essendo molto ombreggiato, è al riparo dal caldo. Sempre che si riesca a scalzare la folla! Altra difficoltà non trascurabile, se ci si sposta in automobile, è parcheggiare. Nei pressi del ponte, infatti, non esistono slarghi di alcun tipo. È preferibile quindi giungere qui in autobus, sfruttando le frequenti corse della compagnia Sita, che serve entrambi i versanti della Costiera e praticamente tutti i centri abitati dei Monti Lattari. Oppure in barca, che è il modo più spettacolare per vedere il ponte e avvicinarsi al piccolo borgo marinaro addossato alla roccia.

Indirizzo Lungo la strada statale 163 Amalfitana, tra Conca dei Marini e Praiano | **Come arrivare** Il luogo è servito regolarmente dai bus della compagnia Sita | **Orari** Luogo all'aperto | **Un suggerimento** Nelle immediate vicinanze del ponte, la Locanda del Fiordo offre ospitalità e ottima cucina, con una terrazza a picco sul mare. La presenza del parcheggio è un valore aggiunto (www.lalocandadelfiordo.it, info@lalocandadelfiordo.it, tel. 089.874813).

33 I murales di Furore

Tra i primi paesi dipinti

Oggi è piuttosto frequente trovare centri abitati abbelliti con murales e altre opere di street art, ma Furore è stato uno dei primi. Posto sul versante meridionale dei Monti Lattari, è noto come il "paese verticale". Anticamente questa contrada era chiamata *Terra Furoris*, la terra del furore, forse per via della violenza con cui a volte il mare entra nel cosiddetto fiordo che si trova allo sbocco della valle del torrente Schiato (vedi n. 32), nella parte bassa del paese.

L'abitato è costituito da vari gruppi di case sparse distribuite seguendo l'orientamento della montagna che si affaccia sulla Costiera Amalfitana, tra Agerola in alto e Conca dei Marini e Amalfi in basso. Questa distribuzione ha da sempre reso l'abitato poco riconoscibile, proprio per la sua natura diffusa.

I primi muri di Furore cominciarono a essere decorati e dipinti già all'inizio degli anni Ottanta dai fratelli Mazzella e altri artisti napoletani. Il paese acquistò progressivamente colore e fama, uscendo dall'anonimato e rendendosi visibile anche in un contesto competitivo come quello della Costiera, dove l'offerta turistica e le attrazioni certo non mancano.

Oltre ad abbellire il paese, i murales di Furore sono serviti a raccontare agli stessi abitanti il loro luogo d'origine, e quindi a rafforzarne l'identità. Negli anni si sono moltiplicati i contributi di artisti provenienti da tutta Italia e dall'estero (giungendo agli oltre cento attuali), ospitati in paese in occasione di molte residenze. Furore è stato tra i capifila dell'Assipad, l'Associazione Italiana Paesi Dipinti, che attualmente annovera decine di centri in tutta la penisola.

Una passeggiata tra i vicoli e le stradine di Furore è uno splendido viaggio tra muri raffiguranti i temi di una terra sospesa tra la montagna e il mare: i limoni e gli agrumi in generale; i vigneti, la vendemmia e il vino; i contadini con le loro abitudini; la pesca e la vita dei pescatori; i racconti, le leggende e le storie che aleggiano nei tanti paesi affacciati sulla Costiera.

Indirizzo Nelle strade del paese, 84010 – Furore (SA) | Come arrivare Furore è raggiungibile coi bus della compagnia Sita | Orari Luogo all'aperto | Un suggerimento Nella parte alta del paese, in via Lama 24, il laboratorio di ceramiche Fusco offre un'altra ottima occasione per scoprire l'arte locale (www.amfuscoceramiche.it, tel. 089.2140044).

34 Trittico di Sant'Elia

Un piccolo capolavoro sconosciuto

In posizione riparata rispetto all'abitato principale di Furore, nascosta in mezzo a vecchie abitazioni collegate l'una all'altra da lunghe scalinate che corrono tra i terrazzamenti, c'è una piccola chiesa poco conosciuta. È dedicata al profeta sant'Elia e dall'esterno poco appariscente e un po' trasandato non lascia intuire i piccoli tesori che custodisce tra le sue pareti.

Passando da una porticina laterale, si accede a un ambiente barocco ma scarno, chiaro, insolitamente luminoso, con un'unica navata sormontata da volte a crociera. Immediatamente alla destra dell'ingresso si nota un'urna cineraria romana, a dimostrazione che il sito è frequentato fin dall'antichità. Nella sagrestia è possibile vedere due colonnine del vecchio impianto dell'edificio, una prima cappella forse risalente agli inizi del XIV secolo e ampliata nel 1474 per realizzare la chiesa attuale. Ma il vero gioiello si trova nella chiesa vera e propria, sopra l'altare.

Qui campeggia un delizioso trittico ligneo medievale. Su un elegante fondo dorato è raffigurata una Madonna in trono splendidamente abbigliata e col Bambino in grembo. Ai suoi lati, in piedi, i santi Elia e Bartolomeo coi rispettivi simboli. Quest'opera preziosa fu realizzata nel 1479 dall'artista Angelo Antonello da Capua, e da allora è sempre rimasta in questo luogo silenzioso e quasi sconosciuto ai turisti. Gli unici ad accedere regolarmente alla chiesa sono i pochi fedeli di Furore in occasione delle funzioni religiose.

Sono luoghi come questo ad aver contribuito alla decisione da parte dell'Unesco, nel 1997, di dichiarare la Costiera Amalfitana Patrimonio dell'Umanità. Vale la pena perciò di prendersi una pausa di tranquillità e sedersi sui banchi della chiesa di Sant'Elia Profeta per ammirare un'opera preziosa che ha attraversato quasi sei secoli giungendo fino a noi pressoché intatta. È una piccola esperienza mistica, lontana dallo scintillio e dalla folla dei luoghi più blasonati della Costa d'Amalfi.

Indirizzo Via Sant'Elia/piazzale Carmine, 84010 – Furore (SA) | **Come arrivare** Furore si raggiunge coi bus della compagnia Sita | **Orari** La chiesa è aperta in occasione delle funzioni, oppure si può chiedere alla signora Fusco, che abita nei paraggi (tel. 340.4792847) | **Un suggerimento** Dalla chiesa si può seguire il Sentiero dell'Amore, una breve passeggiata che regala una splendida vista su Praiano. Da qui parte anche il sentiero che in due ore scende a Marina di Praia.

35 La zipline

Un volo sulla Costiera

Tra i terrazzamenti coltivati e i profondi valloni, con le mulattiere che percorrono versanti scoscesi collegando gli orti e i paesi, la geometria dello strabiliante paesaggio della Costiera è dettata da altissime pareti, luoghi selvaggi che si stagliano contro il cielo e invitano a una meditativa tranquillità.

Sono posti che si prestano a innumerevoli attività sportive, dall'escursionismo alla mountain bike, dall'arrampicata al torrentismo. Negli ultimi anni è nata una struttura che permette di provare il brivido del volo immergendosi nel panorama mozzafiato della Costiera. Tra Furore e Conca dei Marini, cioè sopra la profonda gola del Fiordo di Furore (vedi n. 32), è stata installata una zipline, ovvero un cavo lungo quasi 700 metri che con apposite carrucole permette di sorvolare la vallata.

Il personale specializzato provvede a consegnare imbracatura e casco, e fornisce le poche istruzioni necessarie. Pochi minuti dopo si è pronti a staccare i piedi da terra e lanciarsi nel vuoto – si fa per dire – sfrecciando sopra la profonda valle del torrente Schiato. In basso fanno capolino il borgo marinaro del Fiordo di Furore e il ponte (vedi n. 32), con l'azzurro del mare che luccica oltre le pareti rocciose.

L'inclinazione del cavo è studiata per rallentare progressivamente prima dell'arrivo, in modo da assicurare un atterraggio morbido. Tra le opzioni disponibili, anche voli di coppia e sconti per i gruppi, per condividere l'esperienza con una o più persone care, e il noleggio di una piccola videocamera per registrare questa esperienza indimenticabile. I biglietti si acquistano direttamente sul posto, ma in alta stagione è consigliabile prenotare in anticipo mediante il sito web (nel caso si voglia fare subito un secondo volo si ha diritto a uno sconto).

Per tornare alla stazione di partenza è disponibile una navetta, oppure si può usufruire dei bus di linea. Su richiesta, l'organizzazione fornisce anche una *marenna a volo a volo*, cioè un abbondante panino preparato… al volo.

Indirizzo Via Aldo Moro 1, 84010 – Furore (SA), www.ziplineitalia.it, info@ziplineitalia.it, tel. 089.2027209 | Come arrivare Furore si raggiunge coi bus della compagnia Sita | Orari A seconda del periodo, ma generalmente sempre aperto nelle ore diurne | Un suggerimento Non lontano dalla stazione di partenza della zipline si trova la falesia dell'Orrido di Pino, una parete adatta all'arrampicata sportiva (www.direzioneverticale.it).

36 La bottega del maniscalco

Un mestiere antico ancora richiesto

La natura impervia di queste montagne, fatte di strapiombi, stretti fazzoletti di terra e arditi terrazzamenti, richiede l'uso di animali da soma per il trasporto di prodotti e merci. Prima della costruzione delle strade, i centri abitati erano collegati tra loro da una fitta rete di mulattiere e lunghissime scalinate che venivano percorse quotidianamente da cavalli, asini e muli. Ancora oggi molti luoghi della Costiera sono accessibili soltanto in questo modo, sicché da queste parti il mulo non è affatto un incontro raro, ma anzi fa parte della vita di tutti i giorni.

Per questo motivo tra le contrade dei Monti Lattari sopravvivono mestieri che altrove sono scomparsi da tempo. Le mulattiere, chiamate *màcere*, vengono realizzate con cura utilizzando i blocchi di pietra calcarea disponibili sul posto, gli stessi materiali usati per fabbricare i muretti a secco che sono parte integrante del paesaggio locale. Artigiani specializzati costruiscono ancora a mano i basti e le *varde*, cioè le selle dei muli. E gli zoccoli degli animali vengono ferrati grazie alla perizia dei maniscalchi.

A Gragnano la famiglia Paolini è esperta nell'arte di ferrare cavalli, muli e asini. Gianfranco, maniscalco da sei generazioni, insieme a suo figlio Ciro lavora nella piccola bottega che si trova in un vicoletto nel centro della città. Qui i Paolini utilizzano una fucina a carbone e la classica incudine per produrre i materiali necessari al loro antico mestiere.

I Paolini servono tutti i centri di entrambi i versanti dei Lattari. E hanno molto lavoro, visto che su queste montagne si stima che ci siano almeno cinquecento muli. I maniscalchi partono ogni giorno coi loro attrezzi per raggiungere i luoghi dove gli animali hanno bisogno di ferri nuovi, che hanno in genere una durata di circa tre mesi. Lo scalpicciare degli zoccoli è un suono abituale per gli abitanti di queste montagne e per i numerosi escursionisti che ormai ne percorrono in lungo e in largo sentieri e mulattiere.

Indirizzo Nei pressi della vecchia stazione, vicolo Giuseppe Raffaelli, 80054 – Gragnano (NA), tel. 366.1848033 | Come arrivare Gragnano si raggiunge coi bus della compagnia Sita | Orari Su appuntamento | Un suggerimento Ad Agerola, in un piccolo laboratorio in via Paipo, Luca Fusco produce a mano selle per i muli (tel. 339.3090014).

37 La Fabbrica della Pasta

Una storia di famiglia sulle tavole del mondo

È la pasta per antonomasia, quella di Gragnano. Qui lavorano ancora pastifici artigianali di grande qualità, secondo una tradizione che affonda le radici nel XVI secolo, grazie all'abbondanza d'acqua che permetteva il funzionamento di numerosi mulini. Nel 1845 re Ferdinando II di Borbone ufficializzò per i pastai gragnanesi l'incarico di fornire pasta lunga alla casa reale. Da allora Gragnano è nota come la "Città dei Maccheroni".

Come per le pizzerie a Napoli, qui parlare di miglior pastificio è quasi impossibile, vista l'elevata qualità di tutti gli stabilimenti in attività. Molto suggestiva è la visita alla Fabbrica della Pasta, un luogo fondato nel 2007 in memoria di Mario Moccia, che nel 1976 acquistò un antico pastificio e ne avviò il rilancio.

Oggi i nipoti Antonino e Mario, terza e quarta generazione, producono pasta secondo criteri moderni ma senza discostarsi dalle metodologie originarie. Ad esempio, qui viene utilizzata esclusivamente semola di grano duro, conservata tra l'altro in speciali contenitori in tela che ne assicurano la traspirazione. L'acqua proviene da una sorgente locale a pH neutro. La trafilatura è rigorosamente al bronzo e conferisce alla pasta un'elevata ruvidità, rendendola particolarmente adatta a trattenere il condimento: è uno dei tanti segreti di questo prodotto e del suo sapore. Alcune trafile sono brevetti di fabbrica e conferiscono alla pasta forme bizzarre e originali. L'asciugatura è lenta e a bassa temperatura, e molte fasi dell'intero processo sono ancora eseguite a mano. Ne risulta una pasta gustosa da mangiare e anche bella da vedere, in modo che anche l'occhio, come si suol dire, abbia la sua parte.

Oggi lo stabilimento produce oltre cento diversi tipi di pasta. Nel museo annesso si possono vedere, oltre a una bella collezione di macchinari antichi, una camera di asciugatura di inizio Novecento e alcuni preziosi torchi in legno. Un piccolo viaggio nella storia di un alimento ormai presente sulle tavole di mezzo mondo.

Indirizzo Viale San Francesco 30, 80054 – Gragnano (NA), www.fabbricadellapastadigragnano.com, tel. 081.8011487 | Come arrivare Gragnano si raggiunge coi bus della compagnia Sita | Orari Per il museo, visita su appuntamento: relazioniesterne@lafabbricadellapasta.it | Un suggerimento Gragnano è anche la denominazione di un vino DOC. Tra le varie cantine della zona, lo si può provare alle Cantine Mariano Sabatino, nella vicina Casola di Napoli (via Vittorio Veneto 21, www.cantinemarianosabatino.it, tel. 081.5392540).

38 Il panuozzo di Mascolo

Un pasto veloce e completo

Il pasto veloce campano per eccellenza è la pizza, ma da alcuni anni si è affermata anche una sua, per così dire, variante: il *panuozzo*. Questo prodotto da forno che utilizza l'impasto della pizza è divenuto ormai assai popolare. La pasta viene dapprima cotta, poi farcita e infine ripassata in forno in modo da far sciogliere e amalgamare bene tra loro gli ingredienti.

L'idea risale a Giuseppe Mascolo, che a Gragnano nel 1982 volle preparare qualcosa di simile a un grande panino allungato, partendo appunto dall'impasto base della pizza. Ne venne fuori un prodotto croccante all'esterno e fragrante all'interno, ripieno al punto giusto. Alla semplicità della pasta si sommò la ricchezza degli ingredienti, tanto da costituire un vero e proprio pasto completo. Nella sua versione originale, il *panuozzo* è farcito con pancetta e mozzarella, poi sono arrivati prosciutto crudo e mozzarella, e un grande classico della cucina napoletana: salsiccia e friarielli. All'epoca, tra l'altro, era usanza che gli avventori delle pizzerie si portassero da casa gli ingredienti coi quali farsi farcire le pizze.

Negli anni ci si è inventati diverse declinazioni anche assai ricche, e oggi la scelta è amplissima. Il locale è gestito dal figlio di Giuseppe, Ciro Mascolo, una persona affabile che con grande passione e fierezza racconta ai clienti l'origine di questo pasto popolare. Con lui lavora anche suo figlio che, secondo l'usanza campana, si chiama Giuseppe come il nonno. Qui il *panuozzo* è riccamente farcito ma resta digeribile, ed è così grande che solitamente basta a sfamare due persone. Viene servito insieme al vino locale, altro elemento rinomato della tradizione enogastronomica dei Monti Lattari. Ovviamente, si possono provare anche ottime pizze, fritture di vario tipo e crocchette di patate (che in napoletano si chiamano *crocchè*).

Gragnano, insomma, oltre alla famosa tradizione della pasta è conosciuta anche per questo pasto, che sta facendo parlare di sé in tutta Italia e nel mondo.

Indirizzo Via Marianna Spagnuolo 121, 80054 – Gragnano (NA), www.mascolo1982.it, tel. 081.8733387 | Come arrivare Gragnano si raggiunge coi bus della compagnia Sita | Orari Mar-dom 12-2 | Un suggerimento Proprio accanto si trova la storica Latteria Gargiulo, uno dei migliori caseifici della zona, dove provare i prodotti tipici locali (www.latteriegargiulo.com, tel. 081.8012861, 0818736611).

39_Valle dei mulini

Luogo magico di acqua e farina

Dal centro di Gragnano, una stradina si stacca sul fianco della chiesa del Corpus Domini, proseguendo in discesa e passando accanto a un presepe realizzato nel 1969 (www.presepedigragnano.com). Da qui la strada risale la valle del torrente Vernotico, incontrando subito sulla destra il mulino Lo Monaco. È il primo di una serie di mulini realizzati nel XIII secolo per sfruttare la forza dell'acqua al fine di azionare le macine per il grano.

La strada che risale la valle è pavimentata da sampietrini in basalto vesuviano ricoperti di muschio per via dell'elevata umidità dell'ambiente. Proseguendo, poco più avanti si incontra il mulino di Porta Castello, molto affascinante, alla confluenza di un torrente laterale. Entrambi i mulini sono visitabili e fanno parte di un vero e proprio distretto industriale che all'epoca contava numerosi impianti, opportunamente disposti lungo la valle in modo da sfruttare al meglio l'energia idraulica del torrente. Tutto questo era possibile grazie a una sofisticata rete di acquedotti e torri, veri e propri serbatoi utilizzati per tenere l'acqua sempre in pressione e alimentare le macine in modo costante, senza rallentamenti o interruzioni.

All'interno dei mulini visitabili si possono vedere i macchinari, comprese le macine in pietra che trasformavano i chicchi di grano in farina, separandoli dalla crusca. Nel resto della valle sono in corso di restauro altre strutture, per un totale di tredici mulini salvati dopo decenni di abbandono.

Proseguendo in salita, la stradina descrive una serie di stretti tornanti scavati dallo scorrere delle acque nella roccia calcarea e nel travertino. Si giunge infine al borgo di Castello, dove si può fare una sosta all'osteria-pizzeria L'Antico Borgo. La strada è interamente percorribile in auto, ma la moderata pendenza e la tranquillità del primo tratto la rendono particolarmente adatta a una piacevole passeggiata a piedi accanto al torrente che gorgoglia. In estate, regala gradevoli momenti di frescura.

Indirizzo Via del Presepe, 80054 – Gragnano (NA), www.valledeimulinigragnano.it, info@valledeimulinigragnano.it | Come arrivare Gragnano si raggiunge coi bus della compagnia Sita | Orari Luogo all'aperto, soleggiato solo al mattino. I mulini si visitano su prenotazione, tel. 349.842548 (Giuseppe Di Massa) e 335.8206647 (Pietro Ingenito) | Un suggerimento All'inizio del percorso si incontra il Pastificio Gentile, tra i più rinomati e antichi di Gragnano. Ha anche prodotti da forno (www.pastificiogentile.com, info@pastagentile.com, tel. 081.8013417).

40 Castello di Lettere

Colpo d'occhio inatteso

Il Vesuvio ha una sagoma inconfondibile: la doppia cima del Monte Somma e del Gran Cono costituiscono una vera e propria icona del golfo di Napoli e dell'intera Campania. Ma il profilo del famoso vulcano è interessante anche dal lato, per così dire, opposto, cioè dal versante meridionale. Tra i punti d'osservazione meno noti ce n'è uno davvero speciale: il castello di Lettere.

Si tratta di una rocca costruita nel X secolo dal Ducato di Amalfi per difendere i confini settentrionali dei Monti Lattari, e utilizzata a scopo militare fino al termine della dominazione aragonese, ovvero fino all'inizio del XVI secolo. Svetta in cima a una collina nelle immediate vicinanze del paesino di Lettere, ai piedi dei Lattari. La sua posizione estremamente panoramica spiega come mai fosse così strategico: permetteva di controllare un'ampia area compresa tra il Vesuvio, l'area di Sarno e quella di Pompei fino al porto di Castellammare di Stabia.

Dopo decenni di abbandono durante i quali si era ridotto in ruderi, di recente il castello è stato restaurato ed è finalmente visitabile. A pianta trapezoidale, conserva quattro torri cilindriche, la più alta delle quali aveva funzione di mastio. Il castello comprende inoltre un recinto fortificato con una chiesa che già nell'anno 987 era sede vescovile. Molto bello è il campanile, aggiunto circa due secoli dopo e decorato con inserti in tufo e arenaria a formare figure geometriche.

All'interno del castello vero e proprio è ospitato un museo con ricchi reperti provenienti da un'area archeologica scavata proprio durante i recenti lavori di restauro di tutta la zona. Sono principalmente ceramiche, oggetti in bronzo e altri reperti che raccontano un lungo periodo che va dal X al XVI secolo. La ricchezza dei ritrovamenti testimonia un'epoca in cui il Ducato di Amalfi intratteneva fiorenti commerci con tutto il Mediterraneo. Una passeggiata fin qui è perciò un ottimo modo per approfondire la storia e conoscere il paesaggio di queste montagne.

Indirizzo Via San Nicola Castello, 80050 – Lettere (NA), www.pompeiisites.org/lettere, castellodilettere@veritasonlus.it, tel. 081.8022271 | **Come arrivare** L'abitato di Lettere è raggiungibile coi bus della compagnia Sita. Per arrivare al castello conviene disporre di un'auto | **Orari** Periodo invernale (novembre-aprile): gio-dom 10-13 e 15:30-18.30; periodo estivo (maggio-ottobre): tutti i giorni, escluso il mar, 10-13 e 16-20 | **Un suggerimento** Lettere è zona di ottimi vini, che si possono trovare tra l'altro alle Cantine Borgo Sant'Anna (corso Vittorio Emanuele 107, www.cantineborgosanna.it, tel. 081.8022428).

41 Abbazia di Santa Maria de Olearia

Segreta bellezza rupestre

Le rocce calcaree dei Monti Lattari si formarono nel periodo Mesozoico, sedimentandosi sul fondo di un antico mare per circa 150 milioni di anni, strato su strato, fino a raggiungere uno spessore di oltre 4.000 metri. Dopodiché, le spinte tettoniche le sollevarono come il coperchio di una gigantesca botola: la cerniera sul versante sorrentino, la parte più rialzata su quello amalfitano. Qui si produssero impressionanti pareti a picco sul mare. Tutto ciò è avvenuto in un tempo relativamente recente (pochi milioni di anni), sicché l'erosione non ha ancora fatto in tempo a addolcire i dirupi.

Dentro queste pareti occhieggiano decine di grotte, esplorate dagli speleologi di Napoli e di Salerno, e talvolta frequentate dai pastori come ricovero per le greggi (vedi n. 7). Spesso le grotte furono usate anche come luoghi sacri e al loro interno vennero costruite cappelle, chiese e monasteri (vedi n. 17).

È il caso dell'abbazia di Santa Maria de Olearia, tra i massimi esempi di architettura religiosa rupestre in Italia, il cui nome si deve probabilmente agli uliveti che abbondavano nei dintorni. Addossata alla roccia, all'ingresso di una grotta, l'abbazia comprende tre chiese sovrapposte, risalenti al X secolo e magnificamente affrescate. Alcuni lavori sono attribuiti a Leone Amalfitano, monaco artista vissuto nell'XI secolo, ma nella cripta si trovano affreschi anche più antichi.

Il sito è legato all'importanza di Maiori nel panorama monastico del Medioevo. Qui coesistevano monachesimo occidentale e orientale: gli eremi e i monasteri di queste montagne erano popolati da benedettini, basiliani, cluniacensi, cistercensi e florensi camaldolesi.

L'abbazia compare anche nel film *L'amore* (1948) di Roberto Rossellini, con Anna Magnani. Si trova a circa 4 chilometri da Maiori, lungo la strada 163 Amalfitana in direzione di Erchie. Oggi alcuni ambienti adiacenti ospitano una struttura ricettiva.

Indirizzo Via Diego Tajani (strada 163 Amalfitana), presso Capo d'Orso, 84010 – Maiori (SA), tel. 089.814201 | **Come arrivare** Il sito si raggiunge coi bus della compagnia Sita, che qui effettuano una fermata. In auto conviene parcheggiare presso il cimitero di Maiori, distante 900 m | **Orari** Sab 15:30-18:30, dom 10-13 | **Un suggerimento** Tra l'abbazia e Maiori, la spiaggia di Cavallo Morto è tra le più belle della Costiera e si raggiunge solo via mare.

42 Palazzo Mezzacapo

Un piccolo giardino tranquillo

Maiori, di origini preromane, è situata al riparo di una piccola baia protetta da un'antica torre. Il centro storico offre una bella passeggiata sui due lati del torrente Reginna, che attraversa l'intero abitato.

Sui terreni che un tempo erano stati di pertinenza della chiesa madre di Santa Maria a Mare, all'inizio del XVI secolo fu costruito un palazzo di proprietà della famiglia Lanario. In seguito, gli ultimi eredi della famiglia cedettero la proprietà ai Mezzacapo, originari del vicino borgo di Minori, che restaurarono e ampliarono il palazzo, edificando anche un mulino per sfruttare le acque del torrente Reginna, e costruendo un ponte.

Nel volgere dei due secoli successivi, grazie al commercio di legna e carbone, e ad alcuni matrimoni ben combinati, i possedimenti dei Mezzacapo crebbero in modo considerevole. Nel Settecento il palazzo venne arricchito con decorazioni e opere d'arte e assunse le forme attuali, compresi i giardini e un florido limoneto. Il palazzo ospitò personalità di rilievo, tra cui nel 1833 la regina Maria Isabella di Borbone, e nel 1837 il ministro Nicola Santangelo, venuto a controllare i lavori di realizzazione della strada costiera, la futura 163 Amalfitana (vedi n. 111). Alla fine del secolo vi soggiornò anche il famoso tenore Enrico Caruso.

Oggi il limoneto non c'è più, ma – sotto l'altura sulla quale campeggia la facciata della chiesa madre – i giardini conservano la loro antica bellezza. Le vasche sono costruite secondo scenografiche geometrie, con una quinta di padiglioni un tempo adibiti a magazzino. In uno di essi si può vedere anche una finta grotta, come era in uso nei giardini dell'epoca. È bello venire qui a osservare i fiori o semplicemente sedersi a leggere un libro nella tranquillità di un luogo poco conosciuto e frequentato.

Maiori ha anche una delle più ampie spiagge della Costiera, e nei dintorni non mancano le calette dal mare turchese, per cui una visita a questa cittadina è un'ottima occasione anche per fare un bagno.

Indirizzo Corso Reginna, 84010 – Maiori (SA) | Come arrivare Maiori si raggiunge coi bus della compagnia Sita | Orari Generalmente aperto tutti i giorni nelle ore diurne, la sera in occasione di eventi | Un suggerimento La vicina chiesa di Santa Maria a Mare ha un bel pavimento maiolicato.

43_Pasticceria Trieste

Squisitezze come una volta

Nel centro di Maiori c'è un posto dal sapore antico. Una piccola pasticceria che passa quasi inosservata. La sua vetrina non è appariscente né particolarmente illuminata. Sobria e un po' dimessa, ricorda quelle dei negozi di una volta, rispecchiando perfettamente il carattere del negozio. Qui infatti si lavora senza fronzoli ma puntando all'essenziale: la qualità e la cura dei clienti, fin dalla data di fondazione, nel 1960.

All'interno della Pasticceria Trieste, la signora Anna e suo figlio Luigi producono in modo artigianale diverse specialità di Maiori. Innanzitutto le famose pastarelle alle mandorle, tra le più buone della Costiera, una prelibatezza preparata utilizzando esclusivamente pregiate mandorle baresi. Oltre alla versione tradizionale, semplice, qui le pastarelle vengono realizzate nelle varianti al limone, all'arancia, al pistacchio, al profumo di rose e al liquore *cunciert'*, un rosolio digestivo a base di erbe tipico della Costa d'Amalfi.

Ma la produzione è molto più ampia. Vanno assaggiate le scorzette di limone, d'arancia, di ciliegia, di amarena e di cedro. Inutile dire che gli agrumi e i frutti in generale sono di provenienza locale, e che non vengono aggiunti coloranti né conservanti. Tra le altre specialità, anche i cannoli al limone e la torta ricotta e pere al pistacchio. E i sospiri al limone di Maiori, che a quanto pare furono inventati da un certo don Ciccio detto *'o Spilacito* intorno al 1950, forse ispirandosi a un'antica ricetta, e vennero poi rielaborati e rilanciati proprio dalla Pasticceria Trieste. Sono ancora oggi molto apprezzati.

In occasione di feste e ricorrenze di paese vengono preparati dolci speciali. Nel periodo pasquale la pastiera napoletana, naturalmente anche nella variante al limone. E il 15 agosto, per la festa dell'Assunta, le melanzane al cioccolato, una specialità diffusa nelle due costiere amalfitana e sorrentina. Alcuni prodotti si possono ordinare anche via Internet: vengono preparati su richiesta e spediti direttamente a casa.

Indirizzo Corso Reginna 121, 84010 – Maiori (SA), www.pasticceriatrieste.it, tel. 089.853575 | Come arrivare Maiori si raggiunge coi bus della compagnia Sita | Orari Tutti i giorni, tranne il mar, 7:30-14 e 16:30-20 | Un suggerimento L'Hotel Botanico San Lazzaro, oltre alle camere eleganti e a un'ottima cucina, ha un bellissimo parco panoramico con piante provenienti da tutto il mondo. È visitabile (via Lazzaro 25, entrata dall'ascensore in via G. Capone 27, www.hbsl.com, tel. 089.877750).

44_Santuario dell'Avvocata

Magnifica salita

Quasi in cima al Monte Falerio, affacciato su Maiori e sugli altri piccoli centri della parte orientale della Costiera, il santuario di Maria Santissima Avvocata (XV-XVI secolo) è uno dei luoghi più affascinanti e meno frequentati dei Monti Lattari. Qui, a 825 metri di quota, arrivano infatti solo gli escursionisti più allenati e abituati alle lunghe camminate in montagna.

Partendo dal centro della cittadina di Maiori, si segue una lunghissima scalinata che in circa tre ore giunge fino al santuario. La lunga successione di gradini copre un dislivello di oltre 800 metri, per cui è necessario un buon allenamento. In alternativa, si può partire da Erchie o da Cetara, oppure dalla badia della Santissima Trinità di Cava de' Tirreni (vedi n. 24).

Quest'ultimo percorso segue il celebre sentiero n. 300, conosciuto come Alta Via dei Lattari (vedi n. 108), e marcato coi classici segnavia bianco-rossi del Club Alpino Italiano. Il sentiero si inoltra inizialmente nei boschi di castagno e querce, passando per la sorgente di Capo d'Acqua e poi per Cappella Vecchia, a quota 650 metri. Già qui il panorama si fa ampio, spaziando dalla città di Salerno fino ai monti del Cilento e ai piccoli centri della costa. La seconda parte è ancora più panoramica, e infatti questa escursione è unanimemente considerata una delle più spettacolari sui Monti Lattari. Anche in questo caso la salita richiede circa tre ore di cammino, per un dislivello complessivo di poco più di 800 metri.

La quota e la particolare esposizione del santuario, affacciato su una parete a picco sul mare, ne fanno un autentico balcone sulla Costiera. Un posto di grande spiritualità e suggestione, dove diverse volte l'anno arrivano i monaci benedettini dell'abbazia di Cava per celebrare la messa. In queste occasioni generalmente partecipano molti pellegrini e camminatori, per vivere insieme l'esperienza della salita a un luogo mistico. Assolutamente consigliato portare una buona scorta d'acqua, protezione solare e un binocolo.

Indirizzo Sotto la cima del Monte Falerio, 84010 – Maiori (SA) | Come arrivare Sia Maiori sia Cava de' Tirreni sono servite dai bus della compagnia Sita. A Cava giungono anche i bus CSTP da Salerno, e i treni. CSTP collega anche direttamente la badia, con partenza ogni 30 minuti da viale Crispi, presso il municipio | Orari Sentiero all'aperto. Il santuario apre in occasione delle messe e delle feste per la Madonna dell'Avvocata | Un suggerimento I più allenati possono proseguire per raggiungere la cima del Monte Falerio o Falerzio, anche detto Monte Avvocata, alto 1.014 m.

45 Antico Francischiello

Locale storico d'Italia

Un piacere non solo per il palato ma anche per gli occhi. È ciò che si prova entrando in questo locale, che accoglie gli avventori con un ricco arredamento e centinaia di oggetti e ceramiche. Ciascuna delle tre sale ha la sua personalità, dal riparato salottino interno fino alla grande sala vetrata dalla quale si gode di un meraviglioso affaccio sul mare e su Capri.

Il ristorante fu fondato nel 1909 da Francesco Gargiulo, conosciuto come Francischiello, e inizialmente aveva sede nel centro di Massa Lubrense, presso il municipio. L'immediato successo, tuttavia, costrinse Francischiello a cercare una sede più spaziosa, sicché il locale si trasferì fuori dal paese, in un posto panoramico. Ma anche questo col tempo si rivelò insufficiente, e fu necessario cercare una terza collocazione, più grande e anch'essa assai panoramica, affacciata sul promontorio di Capo di Massa. È qui che Antico Francischiello si trova tuttora.

Il ristorante conserva l'atmosfera dei luoghi di un tempo. Al suo interno si ritrovano sapori e profumi altrove scomparsi, assorbiti dall'omologazione imperante anche nel campo della cucina ritenuta di qualità (non a caso è inserito a pieno merito nell'elenco dei Locali Storici d'Italia). Nel corso della sua lunga storia, ha stregato personalità del calibro della duchessa Anna d'Aosta, ma anche personaggi dello spettacolo come Marcello Mastroianni, King Vidor, Anthony Quinn, Peppino di Capri, Lina Wertmüller e Luciano Pavarotti.

Oggi il ristorante è gestito da Francesco e Firminia, terza generazione della famiglia Gargiulo, che offrono ancora una cucina tradizionale e tipicamente locale, dai prodotti del mare, ovviamente freschissimi, a quelli della terra, come ad esempio il provolone del monaco (vedi n. 8). Gli appassionati del genere celebrano questo locale anche per la parmigiana di melanzane al cioccolato e per la delizia al limone, due dolci tipici della Costiera che qui vengono preparati con speciale maestria.

Indirizzo Via Partenope 27, 80061 – Massa Lubrense (NA), www.francischiello.com, info@francischiello.com, tel. 081.5339780 | Come arrivare Il ristorante si può raggiungere coi bus della compagnia Sita, che effettuano una fermata nei pressi. Ma specialmente per la sera conviene disporre di auto propria | Orari Aperto tutti i giorni a pranzo e a cena | Un suggerimento Oleum, belle camere ricavate in un antico frantoio che produce ancora olio (via Padre Rocco 5, www.oleumsorrento.com, tel. 081.19681284).

46 Baia di Ieranto

Un paradiso rinato

Il territorio comunale di Massa Lubrense è molto esteso e include tutta la punta della Penisola. Qui si trova una baia dalle acque cristalline, tutelata dall'area protetta di Punta Campanella, una riserva marina integrale.

Si tratta di uno dei luoghi più spettacolari dell'intera Costiera. Ci si arriva a piedi dalla frazione di Nerano in circa un'ora, camminando in un paesaggio selvaggio e beneficiando di splendide vedute, tra cui quella sulla torre di Montalto, parte del sistema difensivo costruito nei secoli passati in funzione anti-saracena. Tra terrazzamenti retti da muretti a secco, si cammina per uliveti e rigogliosi ciuffi di euforbie alternati a piante di rosmarino e ginepro, fino ad affacciarsi sul mare della baia, chiusa sullo sfondo dai faraglioni di Capri. Il contesto è talmente meraviglioso che Plinio il Vecchio colloca qui l'incontro di Ulisse con le sirene.

Ma questa baia da sogno ha un passato industriale che poco ha a che fare con la pace della natura. Qui all'inizio del Novecento si insediò una cava di roccia calcarea che permetteva di caricare il materiale direttamente sulle navi, come si evince dalle strutture che ancora si trovano in prossimità della riva: tramogge, locali per officine e una grande piattaforma in calcestruzzo che sporge sul mare. La cava rimase in attività fino al 1952, dopodiché versò in uno stato di completo abbandono per circa trent'anni. Fino a quando nel 1987 l'intera area venne donata al FAI, il Fondo Ambiente Italiano, che oggi si occupa della sua tutela in collaborazione con la riserva marina.

In estate è indispensabile portare con sé una buona scorta d'acqua, vista l'assenza di fonti. Scarpe adatte, cappellino e protezione solare completano l'equipaggiamento. E naturalmente non bisogna dimenticare il costume da bagno. Qui si può nuotare in tutta tranquillità, visto che l'accesso alla baia è vietato alle barche, proprio per tutelare l'integrità e la ricchezza naturalistica di questo luogo le cui acque sono al confine tra i golfi di Napoli e di Salerno.

Indirizzo Via Ieranto, 80061 – Nerano di Massa Lubrense (NA) | Come arrivare Nerano si raggiunge coi bus della compagnia Sita | Orari Luogo all'aperto. Per le visite guidate contattare il FAI, www.fondoambiente.it | Un suggerimento Lungo il percorso che scende alla baia, tra i terrazzamenti, in una casetta con terrazzo è ospitata una piccola biblioteca all'aperto gestita da volontari del FAI.

47 Borgo dell'Annunziata

Tra i luoghi di Murat

Sopra la scogliera di Capo Corbo, non lontano dalla torre Corva che in passato proteggeva il porticciolo di Marina della Lobra (vedi n. 48), ci sono i ruderi di un castello aragonese, in posizione panoramica sul golfo di Napoli. Ai piedi della collinetta coi ruderi si sviluppa il piccolo borgo dell'Annunziata, il cui nome si richiama alla chiesa qui ricostruita nel XVI secolo dopo che l'edificio preesistente era stato distrutto per opera di Ferrante II d'Aragona.

Proprio davanti alla chiesa svetta un'altra torre, parte dell'antica rete difensiva realizzata a partire dal IX secolo e rimasta attiva fino al periodo borbonico. Seguendo la strada che fiancheggia la torre si giunge a Villa Rossi, meglio conosciuta come Villa Murat. L'edificio fu infatti scelto da Gioacchino Murat nel 1808 come luogo strategico per poter controllare la riconquista di Capri durante il famoso tentativo di invasione da parte degli inglesi. Dalla villa, Murat poteva infatti seguire l'evolversi degli eventi, osservandoli di persona ma restando al sicuro. Alla fine, il tentativo dei britannici fu sventato, e pare che proprio qui sia stata firmata la loro capitolazione, nonché il ritorno dell'isola in mani francesi.

L'edificio risale al XVI secolo ed è situato su un magnifico belvedere affacciato su Capri e sul Vesuvio, oltre che sui pergolati degli agrumeti che ricoprono questa parte della Penisola Sorrentina a perdita d'occhio. Al suo ingresso campeggia un grande olivo secolare. La villa è stata recentemente restaurata, e custodisce all'interno soffitti affrescati, arredi dell'Ottocento e oggetti appartenuti a Murat. Essendo privata, non è visitabile se non in occasione di eventi. Viene infatti utilizzata per ricevimenti e ospita nel suo giardino concerti e spettacoli.

Ma anche con la villa chiusa, questo è un luogo ameno e solitario, lontano dal trambusto che spesso avvolge il tratto di costa intorno a Sorrento. Ed è anche l'ottimo punto di partenza di una passeggiata che scende fino al mare.

Indirizzo Via Gioacchino Murat, 80061 – Massa Lubrense (NA) | Come arrivare Tutte le frazioni di Massa Lubrense sono servite dai bus della compagnia Sita. Per arrivare al borgo dell'Annunziata si può scendere in via IV novembre e proseguire a piedi per un breve tratto | Orari Luogo all'aperto | Un suggerimento Immerso nell'atmosfera tranquilla del borgo, il Ristorante La Torre One Fire è tra i migliori della Costiera, anch'esso molto panoramico (piazzetta Annunziata 7, www.latorreonefire.it, info@latorreonefire.it, tel. 081.8089566). Aperto a pranzo e a cena, chiuso il martedì.

48 Marina della Lobra

Un tranquillo borgo marinaro ·

Prima di giungere a Sant'Agata sui Due Golfi, la principale frazione del comune di Massa Lubrense, lasciando la strada statale 145 Sorrentina, in circa 5 chilometri si raggiunge Marina della Lobra. Il borgo di pescatori si sviluppa intorno alla chiesa della Madonna della Lobra, piccolo santuario costruito – insieme a un convento – sopra un colle affacciato sul mare verso metà del Cinquecento. Vale la pena entrare nella chiesa per ammirare l'elegante soffitto a cassettoni ottagonali con cornici dorate, al cui centro campeggia una raffigurazione dell'Assunta e vari santi che dominano la marina con le barche dei pescatori, in segno di protezione.

Una gradinata scende dalla chiesa fino al porticciolo, dove si trovano diversi bar e ristorantini. Il porto è popolato quasi esclusivamente da piccoli pescherecci e gozzi, e ogni giorno è possibile vedere i pescatori intenti in diverse operazioni, dalla manutenzione delle barche alla classica riparazione delle reti da pesca. Il molo è particolarmente al riparo dalle intemperie grazie alla lunga scogliera di Capo Corbo, che lo protegge sul fianco occidentale. Qui sorgeva la torre Corva, parte del sistema difensivo di tutta la Costiera.

Il borgo di Marina della Lobra si può raggiungere anche a piedi da Massa Centro con una passeggiata di circa mezz'ora per una serie di gradinate e tranquille stradine secondarie.

Di fronte al porto, a meno di un miglio di distanza, affiora sul mare il piccolo scoglio detto di Vervece, divenuto famoso perché qui nel 1974 l'apneista Enzo Maiorca stabilì uno dei suoi record di apnea, giungendo a 87 metri di profondità. Oggi lo scoglio rientra nell'area marina protetta di Punta Campanella, per cui non è possibile raggiungerlo in barca. Tuttavia nel mese di settembre vi si svolge una cerimonia popolare durante la quale viene celebrata una messa in ricordo delle vittime del mare, con speciale riguardo per i sub. Proprio in loro onore è stata collocata una statuina della Madonna sotto il livello del mare, a 11 metri di profondità.

Indirizzo Marina della Lobra, 80061 – Massa Lubrense (NA) | Come arrivare Marina della Lobra è raggiunta da alcune corse giornaliere di bus della compagnia Sita | Orari Luogo all'aperto | Un suggerimento Dal porticciolo partono imbarcazioni per diversi centri della Costiera e per Capri (Cooperativa Marina della Lobra, via Colombo 35, www.marinalobra.com, tel. 081.8089380, 333.9977699).

49 Monte San Costanzo

L'ultima cima dei Lattari

L'estremità della Penisola è un concentrato di occasioni per gli amanti dei paesaggi e dell'escursionismo. Oltre a Punta Campanella (vedi n. 50) e alla Baia di Ieranto (vedi n. 46), è possibile salire sul Monte San Costanzo (485 m), la cima più occidentale dei Lattari.

L'escursione classica è un giro ad anello che ha come punto di partenza e di arrivo la piazzetta di Termini, frazione di Massa Lubrense. I primi 4 chilometri si snodano lungo via Campanella e poi via Minerva, dapprima su asfalto e poi su selciato, fino a raggiungere Punta Campanella. Qui, seguendo i segnavia bianco-rossi del Club Alpino Italiano, si imbocca il sentiero vero e proprio, che sale poco distante dall'orlo del dirupo affacciato in modo spettacolare sulla Baia di Ieranto. Bisogna prestare attenzione a non avvicinarsi troppo alle pareti, specialmente nelle giornate ventose. La salita non è molto impegnativa, e passa poco sotto il Monte Santa Croce, che coi suoi 497 metri di altezza è in realtà la vera cima più occidentale dei Lattari. Superata la recinzione di un gruppo di grandi antenne e alcuni ripidi canaloni che si gettano nel dirupo (procedere con la massima cautela), si giunge in breve alla cima del San Costanzo con l'omonima chiesetta. Quest'ultimo tratto, tra Punta Campanella e la vetta, coincide con l'ultima tappa del sentiero n. 300 Alta Via dei Lattari (vedi n. 108), il trekking che percorre l'intera cresta dei Monti Lattari e richiede diversi giorni di cammino.

Dalla cima il sentiero prosegue tutto in discesa e, tagliando i tornanti della strada asfaltata, torna velocemente alle prime case di Termini. In pochi minuti è possibile raggiungere la piazzetta, dove l'escursione si conclude e ci si può rinfrancare con una bella granita in uno dei baretti del paese.

Questo percorso ad anello ha una durata approssimativa di cinque ore, al netto delle eventuali soste. Sono indispensabili una buona scorta d'acqua, scarpe adatte e, specialmente in estate, cappellino e protezione solare.

Indirizzo Partenza e arrivo: piazza Santa Croce, 80061 – Termini di Massa Lubrense (NA) | **Come arrivare** Termini si raggiunge coi bus della compagnia Sita | **Orari** L'escursione è fattibile tutto l'anno, meteo permettendo | **Un suggerimento** Vale la pena affacciarsi al belvedere sul fianco di piazzetta Santa Croce, a Termini. Specialmente al tramonto, si ha una vista magnifica sugli orti cui fa da sfondo Capri.

50 Punta Campanella

L'estrema propaggine della penisola

Allungata nel mare Tirreno tra i due golfi di Napoli e di Salerno, la penisola dei Monti Lattari si spinge fino a Punta Campanella, quasi a lambire l'isola di Capri. È un luogo magico, che si raggiunge con una breve e facile passeggiata a piedi.

Da Termini, piccola frazione di Massa Lubrense, via Campanella serpeggia tra gli orti, e si può percorrere in auto per 2 chilometri fino a un piccolo slargo. Nei pressi c'è anche la discesa che conduce alla splendida caletta di Mitigliano (sentiero n. 348). Dallo slargo bisogna proseguire a piedi e il tratto successivo è davvero bello. Si cammina per 1,5 chilometri sull'antico selciato di una stradina romana, tra la macchia mediterranea e gli uliveti: la vista sul mare e su Capri, coi faraglioni affacciati oltre lo stretto di Bocca Piccola, è meravigliosa. In pochi minuti si giunge a una torre, detta della Minerva, una delle numerose fortificazioni costruite per difendere la Costiera (vedi n. 26), che ospita un faro molto importante per la navigazione dello stretto. La torre sorge sull'estrema propaggine della penisola, nel punto in cui i Romani costruirono un tempio, come testimoniato da scavi archeologici ben visibili.

Qualche metro più a monte degli scavi, un breve sentiero giunge a un affaccio rivolto a sud, con una magnifica vista sulla Baia di Ieranto (vedi n. 46), sotto le vertiginose pareti del Monte San Costanzo. Da qui si ha un'idea dell'estensione della riserva marina che protegge tutta questa zona, e che prende il nome proprio da Punta Campanella.

Tornando alla zona degli scavi, una breve gradinata si insinua in una fessura e permette di raggiungere la Grotta di Minerva o di Punta Campanella, una cavità carsica quasi al livello del mare. La discesa è rischiosa e scivolosa, e richiede molta prudenza, soprattutto nei giorni di forte vento o mare agitato. Sul lato opposto, verso il Golfo di Napoli, nelle giornate limpide si vedono i profili dei Campi Flegrei e delle isole di Ischia e Procida. Un'altra gradinata scavata nella roccia scende fino al mare, dove si trova un antico approdo.

Indirizzo Via Minerva, 80061 – Termini di Massa Lubrense (NA) | Come arrivare Termini si raggiunge coi bus della compagnia Sita | Orari Luogo all'aperto | Un suggerimento Le pareti che sovrastano la Grotta di Minerva sono attrezzate con alcune vie per l'arrampicata sportiva (per informazioni: www.direzioneverticale.it).

51 Da Torca a Marina del Cantone

Passeggiata nel verde sul mare

Tra le molte escursioni possibili nel territorio di Massa Lubrense, una delle più belle è quella che dalla frazione di Torca (350 m) raggiunge Marina del Cantone, in riva al mare, poco sotto il piccolo gruppo di case di Nerano. Il sentiero è ben segnato, almeno nella prima parte, che dopo una ripida discesa in un canalone conduce comodamente fino al bivio per Crapolla. Il bivio, a quota 200 metri, è marcato con una piastrella in ceramica. A sinistra si scende per una lunga e ripida serie di gradini fino alla caletta di Crapolla, una fessura nella roccia che crea un angolo solitario e selvaggio. Qui ci sono vari ruderi, tra cui quelli di un'abbazia, e una piccola cappella.

Il sentiero principale prosegue invece tra euforbie e rocce calcaree modellate dall'erosione carsica, tenendosi sempre tra i 200 e i 250 metri di quota. In alcuni punti il tracciato è poco evidente, a tratti coperto dalla vegetazione. Sulla sinistra si vedono gli isolotti Li Galli (vedi n. 62) e lo scoglio di Isca. Un tratto in ripida discesa conduce fino alla caletta di Recommone, dove c'è anche un piccolo ristorante. Qui arriva anche una stradina carrozzabile. Il sentiero prosegue in leggera salita fino ai ruderi di una torre del periodo vicereale, da dove si ha una magnifica vista sulle pareti a picco sul mare. In basso fa capolino la Grotta d'o Pertuso, accessibile solo via mare. L'ultimo tratto del sentiero è una facile passeggiata senza dislivelli fino a Marina del Cantone, in riva al mare e con alcuni ristoranti. Da qui è possibile tornare a Torca coi bus di linea della compagnia Sita. L'escursione coincide con un tratto dell'Alta Via dei Lattari, il lungo trekking che percorre l'intera cresta della penisola (vedi n. 108). È fattibile tutto l'anno, meteo permettendo, e richiede circa cinque ore di cammino (escluso il ritorno). È importante avere calzature adeguate, una buona scorta d'acqua (visto che lungo il percorso non ci sono fontane), e in estate un cappellino e la protezione solare.

Indirizzo Partenza da piazza San Tommaso Apostolo, 80061 – Torca di Massa Lubrense (NA) | Come arrivare Torca e Marina del Cantone, frazioni di Massa Lubrense, sono servite dai bus della compagnia Sita | Orari Luogo all'aperto, percorribile tutto l'anno, a seconda del meteo | Un suggerimento A Marina del Cantone si mangia benissimo e si dorme (in camere con opere originali di Mary Cinque) alla Taverna del Capitano (piazza delle Sirene 10/11, www.tavernadelcapitano.com, info@tavernadelcapitano.com, tel. 081.8081028).

52 Gli ex voto dei marinai

Nella basilica di Santa Maria del Lauro

Superate Vico Equense e le alte rupi di Punta Scutolo col famoso belvedere, la statale 145 Sorrentina giunge a Meta. Tra le prime case del centro abitato svetta l'imponente facciata della chiesa di Santa Maria del Lauro, un edificio monumentale alle pendici dei versanti che dal Monte Faito digradano verso ovest.

La chiesa originaria risale alla metà del Cinquecento, ma l'aspetto odierno si deve a vari rifacimenti, gli ultimi dei quali (XVIII secolo) le hanno conferito un aspetto barocco. Com'è consuetudine per molti siti religiosi, la chiesa sorge nel luogo in cui una leggenda locale vuole sia avvenuto un miracolo, in questo caso il ritrovamento di un'antica statua della Madonna.

La chiesa ha una facciata neoclassica in stucchi ed è preceduta da un'ampia gradinata. Il campanile, in tufo grigio, raggiunge i 40 metri di altezza, e in cima ha una cupola anch'essa in tufo. L'interno è ornato da marmi policromi e presenta un sontuoso coro ligneo, com'è tipico dello stile barocco della Campania. Non mancano le opere d'arte, risalenti perlopiù a Settecento e Ottocento.

Ma è a destra della navata che si trova la parte più interessante e autenticamente legata alla vita locale. Qui sono conservati infatti decine di ex voto a tema marinaro, lasciati evidentemente da marinai e parenti di marinai in seguito agli scampati pericoli in mare. Quella degli ex voto è un'usanza molto diffusa nella religione cattolica, ma qui, forse proprio per il forte legame col mare, risulta ancora più affascinante. Per la maggior parte si tratta di dipinti e disegni raffiguranti scene di imbarcazioni in balia di tempeste, evidentemente in riferimento ai drammi vissuti. Raccolte simili sono presenti anche nella piccola chiesa di Santa Maria Vecchia a Vico Equense.

Anche per la sua architettura, la chiesa è stata dichiarata basilica. È una delle sette parrocchie della Penisola Sorrentina il cui parroco viene eletto direttamente dai fedeli: un caso piuttosto raro, che riguarda non più di una decina di chiese al mondo.

Indirizzo Piazza Madonna del Lauro 1, 80062 – Meta (NA), tel. 082.8788050 | Come arrivare Meta di Sorrento si raggiunge coi bus della compagnia Sita e con la ferrovia Circumvesuviana | Orari Tutti i giorni 7-12 e 16-19 | Un suggerimento Una passeggiata nel centro di Meta consente di ammirare la bellezza dei portali e degli androni dei palazzi gentilizi, realizzati in tufo o stuccati. Lo stesso vale per le vicine Sorrento e Piano di Sorrento.

53 Museo Maresca

Custode di cimeli marinari

Meta di Sorrento ha una lunga storia di navigazione, come del resto tutta l'area sorrentina. La vasta esperienza marinara della città è documentata e custodita nel museo navale Mario Maresca, che si trova nel centro abitato. È ospitato all'interno di un antico palazzo a sua volta legato al mondo della navigazione: nel corso dei secoli, infatti, è appartenuto a vari armatori e capitani di lungo corso, che lo hanno abbellito con portali, stucchi e pavimenti maiolicati.

La visita a questo piccolo ma ricco museo privato consente di scoprire la radicata solidità del rapporto dei sorrentini col mare, soprattutto nel XVIII secolo, cioè nel periodo in cui i marinai locali erano all'avanguardia nella navigazione a vela e per questo apprezzati in tutto il Mediterraneo.

La collezione si compone di varie sezioni, organizzate per temi. Molto interessante quella dedicata agli schemi di progettazione navale, con pregevoli disegni e schizzi di navi e barche a vela. Bellissimi anche i modelli in scala di bastimenti e velieri risalenti agli anni Cinquanta del Novecento, realizzati sulla base di disegni originali di Giuseppe Esposito, un noto carpentiere metese.

Ampia la raccolta di libri, carte nautiche e strumenti, con preziose bussole e sestanti, oltre a varie attrezzature che venivano utilizzate per il calafataggio degli scafi. Una sezione è anche dedicata all'artigianato e all'arte marinara che impreziosivano le imbarcazioni. Vi spiccano alcune polene e altri elementi scolpiti, come specchi di poppa e fregi di prua, ritratti ed ex voto.

Infine, il museo custodisce un fondo dedicato alla documentazione della vita in mare e dei marinai, con molte fotografie d'epoca che ritraggono imbarcazioni, cantieri, e scene quotidiane di un mondo ormai scomparso. Di questa sezione fanno parte anche diversi documenti, lettere e diari di bordo che permettono di entrare nelle vite dei tanti sorrentini che navigarono a lungo nel Mediterraneo e per i mari del mondo.

Indirizzo 1° vico Santo Stefano 9, 80062 – Meta (NA), tel. 339.3743667 | Come arrivare Meta di Sorrento si raggiunge coi bus della compagnia Sita e con la ferrovia Circumvesuviana | Orari Su appuntamento | Un suggerimento La Casina dei Capitani, in via Municipio 11, custodisce un archivio legato alla marineria a partire dal 1890 (www.casinadeicapitani.net, tel. 081.5321834).

54_Sal De Riso

Un pasticciere famoso nel mondo

Il paesino di Minori è noto tra le altre cose per la sua gastronomia, tanto da essere riconosciuto come "Città del Gusto".

Molto apprezzati sono in particolare gli *'ndunderi*, un tipo di pasta fresca che somiglia a dei grossi gnocchi, ma che nell'impasto prevede anche la ricotta. Vengono serviti generalmente col classico sugo di pomodoro cotto insieme a *braciolette* (involtini, in napoletano), salsiccia e cotiche di maiale. Questa ricetta locale viene preparata soprattutto in occasione delle feste, come quelle in onore della patrona Santa Trofimena. Gli *'ndunderi* si possono però assaggiare tutto l'anno al Ristorante La Botte (via Santa Maria Vetrana 2, tel. 089.877893) oppure durante Gusta Minori, un evento che si tiene a settembre, conosciuto in tutta la Costiera non solo per la gastronomia ma anche per l'offerta culturale e musicale (www.gustaminori.it).

Ma l'amore dei minoresi per la cucina si declina anche nei dolci. La cittadina infatti ha dato i natali a uno dei più importanti pasticcieri italiani, Salvatore De Riso, noto col diminutivo Sal, la cui fama ha varcato i confini regionali soprattutto grazie alla delizia al limone e al babà al limoncello. Dalle sue mani nascono tanti altri prodotti, come profiteroles, scorzette e fichi secchi al cioccolato, gelatine, scricchioli di mandorle e, nel periodo natalizio, i panettoni. E poi gelati, frutta ripiena, granite, sorbetti e tartufi. A questo ricco campionario si aggiungono le conserve, ottenute mescolando verdure e frutta, deliziose per farcire i dolci ma anche per guarnire i piatti salati.

Sal De Riso ha creato anche una linea di pasta fresca che, oltre agli *'ndunderi* tipici di Minori, comprende gli gnocchi sorrentini e gli scialatielli amalfitani. Ci sono infine i liquori, realizzati con gli agrumi e altri frutti di questa terra. Esulando dalla cucina, negli ultimi anni sono nate anche due linee di profumi e una di abbigliamento, ispirate agli aromi e ai motivi decorativi della Costiera.

Il laboratorio è situato nel paese di Tramonti, non lontano da Minori, e ormai un punto vendita si trova anche a Roma.

Indirizzo Via Roma 80, 84010 – Minori (SA), www.salderiso.it, tel. 089.877941 | Come arrivare Minori si raggiunge coi bus della compagnia Sita e coi traghetti della compagnia di navigazione Travelmar | Orari Tutti i giorni 7-1 | Un suggerimento Il Sentiero dei Limoni collega in circa 6 km Minori alla vicina Maiori: un'ottima occasione per camminare tra agrumeti e splendide viste sul mare.

55 Studio FËS

Ceramica, ciucci e buon vino

Minori è un piccolo centro ai piedi del Monte Falerzio, tra Maiori e Ravello. La zona è abitata fin dall'antichità, come dimostrano importanti resti di epoca romana. L'insediamento si chiamò a lungo *Reginna Minor*, poi *Reginella*, dal nome del torrente che lo attraversa e per distinguerlo dalla vicina Maiori, o *Reginna Major*.

Il paese è conosciuto soprattutto per la chiesa di Santa Trofimena, dedicata a una festa che affonda le radici nel periodo longobardo e che si ripete tre volte l'anno, cioè il 13 luglio, e il 5 e il 27 novembre. Dai documenti risulta che la chiesa sia stata officiata da preti greci fino al XIV secolo. Il venerdì santo la processione della Via Crucis è preceduta da canti sacri di grande suggestione.

A Minori si trova Studio FËS, interessante progetto artistico incentrato sulla ceramica. A lanciarlo circa quindici anni fa è stato il ceramista Marco Fusco, con l'intento di innovare la grande tradizione della ceramica vietrese usando uno stile essenziale e giocoso.

Il laboratorio si trova nei sotterranei di un vecchio magazzino nei pressi del mare. Qui Marco modella piatti e pannelli e li decora con deliziosi motivi moderni e originali ma ispirati alla tradizione artistica della Costiera e della Campania. Tra le sue creazioni compare anche il *ciuccio* (cioè l'asino, in napoletano), rappresentato nella ceramica vietrese già dagli anni Trenta del Novecento con le opere del tedesco Richard Dölker (vedi n. 107). Antico mezzo di trasporto sulle tortuose mulattiere della Costiera, l'asino è il vero simbolo di questa terra e per certi versi anche il suo protettore. Un portafortuna, qui trasformato in chiave pop e realizzato in ceramica e altri materiali. Viene disegnato anche sulle magliette, naturalmente a mano, con una tecnica che rende ogni pezzo unico.

Nei locali dello studio si tengono seminari e laboratori, mentre al piano superiore c'è il negozio, con un'esposizione dei lavori più recenti. Qui è ospitata anche Ailaikit, uno spazio dove si può mangiare e bere in compagnia, come nella miglior tradizione minorese.

Indirizzo Via Roma 24, 84010 – Minori (SA), www.studiofes.it, info@studiofes.com, tel. 089.2143659 | Come arrivare Minori si raggiunge coi bus della compagnia Sita e coi traghetti della compagnia di navigazione Travelmar | Orari Tutti i giorni 9-13 e dalle 15 a sera inoltrata | Un suggerimento In paese si può visitare una villa romana del I secolo, con un piccolo *antiquarium*, in via Capo di Piazza 28 (aperto mar-sab 9-19, dom 9-13:30, lun chiuso; ingresso gratuito; tel. 089.852893).

56_La Rotonda

Meraviglia paleocristiana

Il battistero di Santa Maria Maggiore, chiamato anche Tempio o Rotonda per via della sua forma, è tra i luoghi più affascinanti di questo territorio. Sebbene si trovi un po' fuori mano rispetto alla Costiera vera e propria, la sua posizione ai piedi dei Monti Lattari ne fa una meta facile da raggiungere.

Accompagnati da guide esperte, si entra in un vasto ambiente circolare colonnato, al centro del quale campeggia un fonte battesimale: ha un diametro di quasi 7 metri ed è il secondo più grande in Italia, dopo quello di San Giovanni in Laterano a Roma. Qui il battesimo si riceveva da adulti, per immersione, come era in uso all'epoca. Bellissime le formelle bizantine che circondano la vasca, simili a quelle di Santa Sofia a Costantinopoli.

Il battistero fu eretto nel VI secolo sul sito di preesistenti edifici romani del II-III secolo, come dimostrano i mosaici visibili in alcuni scavi all'interno. Del resto anche le colonne provengono da un tempio di Nettuno: scolpite in marmo verde cipollino, breccia d'Aleppo e giallo di Numidia, sono disposte magnificamente in quindici coppie a sorreggere la maestosa cupola.

Fino al 1850 il battistero fu utilizzato come chiesa e ospitò anche tombe, ancora visibili negli scavi a un livello successivo a quello romano. Solo agli inizi del Novecento l'edificio è stato ripulito dai vari interventi che si erano sovrapposti nei secoli e restituito finalmente al suo aspetto originario.

Tra gli elementi di rilievo, da notare alcuni affreschi di scuola giottesca, datati al XIV-XV secolo, tra cui una splendida Vergine col Bambino e un Cristo Pantocratore. La visita si completa al primo piano, dove in un piccolo *antiquarium* sono esposti frammenti di colonne e lapidi romane; un affaccio dall'alto regala una magnifica vista sul colonnato. Tornando al piano terra, si può uscire in un tranquillo giardino dal quale si scorgono i ruderi di un adiacente ospitale medievale per pellegrini.

Indirizzo Piazza Santa Maria Maggiore, 84015 – Nocera Superiore (SA), www.battisterosantamariamaggiore.wordpress.com, www.battisteroweb.com, battisteronocera@gmail.com, tel. 081.931091 | **Come arrivare** Nocera Superiore è collegata da Trenitalia e dai bus della compagnia Sita | **Orari** Gio-dom 9-12, la dom vengono organizzate di solito visite guidate su prenotazione | **Un suggerimento** Oltre la ferrovia, in via Petrosino 7, c'è una grande *domus* romana che si può visitare su prenotazione contattando i volontari del Gruppo Archeologico Nuceria (www.gruppoarcheologiconuceria.it, tel. 375.5187961).

57 Antonino Tramontano

Tra gli ultimi maestri d'ascia della Penisola

Lungo i tornanti che scendono a Marina di Cassano (vedi n. 59) si incontrano diverse grotte scavate nel corso dei secoli per ricavare magazzini e ricoveri per le barche. Si chiamano *munazzeri*, e fino a metà Ottocento erano parte integrante dei cantieri che animavano la marina. Oggi la maggior parte delle cavità è occupata da bar e localini per turisti, ma alcune fungono ancora da rimessa per le barche.

In una di queste lavora uno degli ultimi maestri d'ascia di tutta la Penisola Sorrentina. Si chiama Antonino Tramontano e va fiero del suo mestiere. Nato a Sorrento nel 1951, all'età di sette anni ha iniziato a lavorare in un *munazzero* di Marina Piccola, dove è rimasto per quasi cinquant'anni prima di approdare qui a Cassano.

La sua bottega è zeppa di strumenti e cimeli accumulati nel corso di una vita. Accanto alle asce e alle pialle che ancora utilizza per dare forma ai fasciami delle barche, il maestro Tramontano conserva splendidi modellini di lance e gozzi che ha costruito nel corso della sua lunga carriera. La sua specialità è la lancia sorrentina, una barca particolarmente elegante e affusolata, che può raggiungere una lunghezza di oltre 6 metri. Ne è un esempio quella usata il 2 luglio per la processione della Madonna delle Grazie, una barca chiamata *Lanzetella d'a Maronna* (vedi n. 59). Risale a 130 anni fa ed è molto elegante, fatta di legni pregiati che lo stesso Antonino Tramontano ha recentemente restaurato con cura.

Alcune foto alle pareti e sugli armadietti mostrano gli scafi realizzati. Tra essi, grandi gozzi usati per il trasporto dei turisti nella Grotta Azzurra di Capri, e anche dei deliziosi sandolini. Queste barchette da diporto lunghe, strette e veloci, somiglianti a canoe, sono molto apprezzate dagli amanti del mare, e oggi è difficile trovare maestri d'ascia capaci di realizzarne in modo artigianale.

Antonino Tramontano è un vero e proprio custode dell'identità marinara sorrentina ed è fiero di raccontarne la lunga storia ai viaggiatori che vengono a fargli visita nella sua bottega.

Indirizzo Via Marina di Cassano, 80063 – Piano di Sorrento (NA), tel. 338.3853817 | Come arrivare Piano di Sorrento si raggiunge coi bus della compagnia Sita e con i treni della Circumvesuviana | Orari La bottega si può visitare su appuntamento | Un suggerimento In cima alla strada che scende alla marina, il Tramonto Rosso è un baretto di fronte al magnifico belvedere sul mare (via Ripa di Cassano 37, tel. 081.8788618).

58 I dolci di Deia

Prelibatezze artigianali sorrentine

In una traversa un po' anonima di corso Italia, la strada principale di Piano di Sorrento, si cela un piccolo scrigno di dolcezze. Un laboratorio artigianale fondato nel 1984 da Paolo Iaccarino, che quando ancora si occupava di frutta fresca avviò una produzione di fichi secchi e datteri. Dalla metà degli anni Novanta, Paolo è stato affiancato dai figli Giovanni e Aldo, e il laboratorio di famiglia ha iniziato a produrre frutta secca ricoperta di cioccolato. Con il passare del tempo l'offerta si è molto arricchita, ma la filosofia è rimasta sempre la stessa: produrre delizie utilizzando solo materie prime di qualità e il più possibile locali, non sottoposte a trattamenti.

Il negozio è semplice e curato, senza fronzoli. Al suo interno regna un delicato sentore di frutta secca, mentre dalla vetrina fanno capolino gli scaffali e il bancone coi colori delle prugne, delle albicocche, dei fichi secchi, dei datteri e della frutta a guscio. Tra i prodotti storici del laboratorio Deia spiccano le scorzette d'arancia, l'uvetta al limone, le albicocche al limone, i fichi al limone, poi le prugne con l'arancia e i fichi al mandarino. Ma la vera specialità è il *folloviello*, nato per rilanciare un'antica ricetta sorrentina: un fagottino di uva sultanina aromatizzato con scorzette d'arancia tagliate a cubetti, il tutto avvolto in una grande foglia di limone di Sorrento. C'è anche nella variante ripiena di fichi.

Poi si passa alla pasticceria: le praline e i cioccolatini sono davvero irresistibili. Così come le confetture, naturalmente a base di prodotti locali come mandarini, arance, limoni e amarene. E infine i gelati, per i quali viene utilizzata solo frutta di stagione. Tra i vari gusti originali di Deia, da provare la *nocciudeia*, preparata con una crema artigianale di nocciola e con nocciole caramellate, e la *stracciadeia*, una stracciatella davvero speciale.

Non mancano prodotti senza lattosio e per vegani. La vera scommessa è riuscire a entrare in questo posto e resistere alla tentazione di assaggiare tutto.

Indirizzo Via Cavoniello 10, 80063 – Piano di Sorrento (NA), www.deiasnc.it, info@deiasnc.it, tel. 081.5321577 | Come arrivare Piano di Sorrento è servita dai treni della Circumvesuviana e dai bus della compagnia Sita | Orari Tutti i giorni 9-13 e 16:30-20:30, dom e festivi solo alla mattina | Un suggerimento L'interno della basilica di San Michele Arcangelo è decorato con preziosi marmi, intarsi, sculture e pitture di noti artisti del Settecento e Ottocento (via San Michele 55, tel. 081.8786009).

59 Marina di Cassano

Piccolo borgo sul mare

L'alto costone tufaceo sul quale affaccia Villa Fondi de Sangro (vedi n. 60) e, più in generale, il paese di Piano di Sorrento è tagliato da una magnifica strada a tornanti che scende fino al mare. Qui si trova il borgo di Marina di Cassano, un tempo celebre per i cantieri navali (in funzione fino alla prima metà dell'Ottocento) dove si producevano piccoli velieri che solcarono il Mediterraneo spingendosi fino alle Americhe. Tra essi le *polacche*, imbarcazioni particolarmente veloci e molto usate nei commerci, oltre naturalmente alle barche da pesca. Lo stretto arenile, riparato sotto l'alto costone tufaceo, all'epoca brulicava di operai e imbarcazioni di ogni tipo. L'avvento dei motori, tuttavia, e il conseguente tramonto della navigazione a vela determinarono la chiusura di quasi tutti i cantieri. Qui rimasero in produzione solo imbarcazioni più piccole, da pesca e da diporto.

Oggi Cassano è un posto molto tranquillo. Tra le case è incastonata la piccola chiesa di Santa Maria delle Grazie, in parte scavata nel tufo e molto amata dagli abitanti del posto. Il 2 luglio la statua della Madonna viene portata in una processione che parte da terra poco dopo l'alba e prosegue in mare fino al primo pomeriggio a bordo della *Lanzetella d'a Maronna*, una piccola lancia di fine Ottocento.

I *munazzeri*, cioè le grotte scavate nella roccia che un tempo ospitavano i magazzini di Cassano, sono oggi quasi tutti adibiti a bar, ristoranti e tavole calde, perciò non mancano le occasioni per una pausa piacevole in riva al mare, ascoltando lo sciabordio delle onde sulle barche.

Le poche e piccole spiagge di Cassano sono attrezzate con stabilimenti balneari e molti marinai offrono escursioni guidate lungo la costa sorrentina o fino a Capri, Positano, Amalfi e Ischia. In alternativa, è possibile noleggiare una barca o un gommone ed esplorare i dintorni in tutta autonomia. È un ottimo modo per conoscere meglio questa parte della Penisola, coi suoi scenografici costoni di tufo a picco sul mare.

Indirizzo Via Marina di Cassano, 80063 – Piano di Sorrento (NA), www.marinadicassano.it, info@marinadicassano.it | Come arrivare Piano di Sorrento si raggiunge coi bus della compagnia Sita e con i treni della Circumvesuviana | Orari Luogo all'aperto | Un suggerimento Il modo migliore per visitare Cassano è venirci a piedi usando l'Ascensore del Mare (ingresso da via Ripa di Cassano 79), in funzione dalle 7:30 del mattino fino a orari variabili a seconda della stagione.

60 Villa Fondi de Sangro

Patrimonio archeologico della Penisola

Prima di giungere a Sorrento, la strada statale 145 attraversa l'abitato di Piano di Sorrento. Il nome di questo centro si richiama alla morfologia pianeggiante che caratterizza la zona. Qui i terreni hanno origine vulcanica e sono il risultato di antiche eruzioni molto precedenti a quella famosa del 79 d.C., che accumularono materiali piroclastici per spessori superiori a 50 metri.

È la famosa "ignimbrite campana", che circa 39.000 anni fa depositò tufo grigio in ampie porzioni della regione. Piano di Sorrento, infatti, si affaccia sul mare dall'alto di un costone tufaceo. Nella cittadina sorgono vari palazzi gentilizi e belle ville, tra cui Villa Fondi de Sangro, fatta edificare nel 1840 dal principe di Fondi don Giovanni Andrea De Sangro, e oggi di proprietà del Comune.

Si può liberamente accedere al giardino ottocentesco, integro rispetto al progetto originario, con molte piante e alberi, soprattutto palme e ulivi, oltre a lecci, cipressi, tassi, corbezzoli, carrubi, camelie, gardenie, oleandri, magnolie e banani. All'ingresso svetta un leccio monumentale la cui età è stimata in circa 150 anni. Il giardino viene spesso utilizzato per servizi fotografici di matrimonio.

L'interno della villa è decorato con stucchi, affreschi e maioliche, e vanta uno splendido scalone in stile vanvitelliano. Ospita il Museo Archeologico Territoriale Georges Vallet, intitolato al celebre archeologo francese. Il museo custodisce ricche collezioni di reperti che spaziano dal II millennio a.C. all'età romana e provengono da molti siti della Penisola Sorrentina.

Una statua colossale di Demetra, ritrovata nel 1970 e proveniente dalle terme suburbane di Sorrento, apre la sezione dedicata alle ville marittime romane, dove si possono vedere mosaici e altre decorazioni, e una ricostruzione della grande villa di Capo di Sorrento (vedi n. 86). Al piano superiore sono conservate le stipi votive del tempio rinvenuto a Punta Campanella (vedi n. 50) e i reperti dei periodi più antichi.

Indirizzo Via Ripa di Cassano 1, 80063 – Piano di Sorrento (NA), museicampania.cultura.gov.it, tel. 081.8087078 | Come arrivare Piano di Sorrento si raggiunge coi bus della compagnia Sita e con i treni della Circumvesuviana | Orari Variabili a seconda della stagione, lun chiuso | Un suggerimento Nel giardino, all'interno dell'antica serra, è in funzione il bar La Serra, che offre aperitivi e spuntini.

61_Cantine Iovine

Vini autentici dei Monti Lattari

La storia della famiglia Iovine è legata a doppio filo al vino. La racconta Aniello, enologo, terza generazione di vignaioli. Si chiama come il nonno, che nel 1890 iniziò a produrre botti di castagno per poi dedicarsi al vino e lasciare il testimone al figlio Luigi, che a sua volta trasmise questa passione ai suoi tre figli.

Il territorio di Pimonte si trova oltre i 400 metri di quota, esposto alle brezze marine come all'aria di montagna, con un'elevata escursione termica tra il giorno e la notte. La presenza di terreni vulcanici conferisce alle uve, e quindi ai vini, un tocco particolare.

Il vino tipico locale è il Gragnano, che negli ultimi anni sta trovando grande consenso anche tra chi lo considerava un vino semplice, forse per via del carattere allegro e frizzante. La sua rinascita è iniziata nel 1990 con l'ottenimento della certificazione DOC. Più in generale, i vini dei Lattari e delle due costiere stanno vivendo un buon momento, soprattutto grazie al lavoro di enologi come Aniello. Nella sua cantina è nato il Terre del Gragnano, un vino rosso rubino realizzato con un uvaggio di Piedirosso, Aglianico e dell'autoctono Sciascinoso, vitigno storico della Campania. E il Pompeiano frizzante, un bianco fresco e piacevole, composto da Falanghina, Greco e Cacamosca (così chiamato per gli acini molto piccoli).

Grande cura è dedicata anche alla presentazione, con etichette molto eleganti. Nell'aprile del 2019 le Cantine Iovine hanno vinto a Bruxelles la medaglia d'oro "Monde Selection" per la Falanghina 1890 e la medaglia d'argento per il Micciano, che prende il nome dalla località in cui si trova la vigna. Dietro questi vini di punta si cela una lunga esperienza nella coltivazione dei vigneti, oltre che nella scelta e nella lavorazione delle uve.

La cantina si trova subito prima di Pimonte lungo la strada che sale verso Agerola. La visita permette di fare degustazioni e ascoltare i racconti di Aniello sulla lunga storia della famiglia Iovine e del suo rapporto coi vini campani.

Indirizzo Via Nazionale 46, 80050 – Pimonte (NA), www.cantineiovine.com, tel. 081.8792123 | **Come arrivare** Pimonte si raggiunge coi bus della compagnia Sita | **Orari** Generalmente aperto tutti i giorni tranne la dom, in orari variabili a seconda della stagione (meglio chiamare in anticipo) | **Un suggerimento** Via San Nicola, nei pressi della cantina, si inoltra nella cosiddetta Valle del Lavatoio, un luogo ameno immerso nella natura. Nel periodo natalizio vi si svolge un presepe vivente.

62 Isolotti Li Galli

La casa delle sirene

Questo minuscolo, romantico gruppo di tre isolotti è conosciuto anche come arcipelago delle Sirenuse o delle Sirene. La sua posizione, di fronte alla costa tra l'odierna Positano e la zona di Torca, faceva sognare già all'epoca dei Romani, come dimostrano alcuni rinvenimenti sull'isola Gallo Lungo, la principale delle tre. L'isola ha una forma allungata che somiglia vagamente a un delfino con la coda rivolta verso sud, e si estende per circa 400 metri. Le altre due sono l'isola La Rotonda e quella dei Briganti, più comunemente nota come La Castelluccia.

Dell'arcipelago parla Strabone nel I secolo a.C., collocandovi le sirene, che col loro canto ammaliavano i naviganti inducendoli a naufragare: una chiara metafora del pericolo costituito dalle stesse isole per la navigazione. È probabile perciò che sia questo il luogo in cui è ambientato il famoso episodio dell'*Odissea* in cui Ulisse, per resistere alla malia delle sirene, si fa legare all'albero della nave. Le sirene, indispettite, si tuffano in mare trasformandosi in scogli.

Fino alla fine dell'Ottocento gli isolotti Li Galli sono stati sempre disabitati, a parte sporadici insediamenti di briganti, che li usavano come avamposto per le incursioni sulla costa, o per occasionali battute organizzate da cacciatori della vicina Positano.

L'arcipelago fu acquistato nel 1924 dal celebre ballerino russo Léonide Massine, che vi fece costruire una villa poi abbellita da Le Corbusier. Alla fine degli anni Ottanta la villa divenne di proprietà di Rudol'f Nureev, per poi passare ulteriormente di mano dopo la morte del ballerino. Attualmente l'arcipelago è privato e non visitabile, e rientra nell'area marina protetta di Punta Campanella (vedi n. 50). L'acqua è limpida e i fondali molto belli, popolati di gorgonie e di pesci. È meraviglioso navigarci intorno in barca, specialmente al tramonto, con escursioni che partono da Sorrento o Positano. Vera e propria magia è arrivare in kayak, in modo da avere la massima libertà di movimento nel pieno rispetto di questo magico luogo naturale.

Indirizzo Arcipelago Li Galli, 84017 – Positano (SA) | Come arrivare Positano si raggiunge coi bus della compagnia Sita e coi traghetti della compagnia di navigazione Travelmar | Orari Luogo all'aperto | Un suggerimento È possibile partecipare a immersioni intorno all'arcipelago con diverse agenzie, tra cui Punta Campanella Diving (via Marina Grande 186, Sorrento, www.it.puntacampanelladiving.com).

63 Montepertuso

La montagna forata

Il paesaggio della Costiera è caratterizzato da vertiginose pareti spesso traforate di grotte, relitti di un vecchio e diffuso carsismo (vedi n. 41). In posizione sopraelevata rispetto al centro di Positano si trova la frazione di Montepertuso, il cui nome deriva da un grande e spettacolare *pertuso* (foro, in napoletano) che si apre nella parete rocciosa proprio sopra le ultime case del borgo. Per raggiungerlo si parte dalla piazzetta del paesino seguendo una gradinata che lascia le ultime case e sale costeggiando piccoli orti terrazzati. Il percorso è agevole, anche se piuttosto ripido, e richiede in totale una quindicina di minuti. Occorre comunque prestare attenzione perché in inverno o dopo la pioggia i gradini possono essere scivolosi.

Si giunge quindi sotto un grande arco naturale, ciò che rimane di un'antica grotta smantellata dall'erosione. La leggenda vuole che il buco sia il risultato di un'accesa lotta tra la Madonna e il diavolo, conclusasi con la vittoria del bene sul male. Questo episodio viene rievocato ogni anno il 2 luglio con una festa in onore della Madonna delle Grazie. In questa occasione vengono sparati fuochi d'artificio e molti emigranti positanesi sparsi nel mondo tornano a casa.

Attraverso il grande foro nella roccia si può godere di uno splendido panorama sulle creste e sui ripidi versanti meridionali del Monte Comune, affacciato su Positano. Un tavolino e due panche in legno permettono di sostare in questo luogo splendido, magari concedendosi un comodo picnic, prima di percorrere nuovamente la gradinata che riconduce in paese.

Da Montepertuso un'altra lunga scalinata scende fino al centro di Positano. Questo itinerario è una valida alternativa per chi percorre il Sentiero degli Dei: una volta arrivati a Nocelle, infatti, si può proseguire fino a Montepertuso e da qui scendere a Positano. Questa variante giunge direttamente in centro, invece che sulla statale 163 Amalfitana in un punto situato a circa 2 chilometri di distanza dal centro abitato. Molto meglio, no?

Indirizzo Frazione Montepertuso, 84017 – Positano (SA) | Come arrivare La frazione Montepertuso si raggiunge coi bus della compagnia Sita | Orari Luogo all'aperto | Un suggerimento Nei pressi dell'inizio del sentiero si può mangiare da Donna Rosa (www.donnarosapositano.it, tel. 089.811806) oppure da Positano Pizza Experience (www.positanopizzaexperience.com, tel. 339.6377585, 089.875121), dove si può anche imparare a fare la pizza.

64_La Selva

Yoga, relax e contemplazione

Tra il paesino di Montepertuso e il Vallone Porto (vedi n. 66) c'è una piccola oasi di pace immersa nella macchia mediterranea. In una vecchia casa rurale ha sede l'associazione La Selva, che dal 2002 si dedica a diverse attività, dallo yoga all'arrampicata, dall'escursionismo all'esercizio di diverse forme d'arte, come il disegno e la pittura.

In quasi vent'anni, questo luogo incantato ha ospitato decine di ritiri di yoga fino a diventare un autentico simbolo della pratica nelle sue molteplici declinazioni, grazie alla posizione e all'isolamento dai rumori del mondo.

L'altra importante attività di cui si occupa l'associazione è l'arrampicata sportiva, vista la vicinanza a numerose pareti ricche di stalattiti e stalagmiti, e a falesie di roccia calcarea ottima per questo sport. Oltre ai siti nei dintorni di Positano, vengono frequentati anche quelli più lontani, fino a Punta Campanella (vedi n. 50).

Su una splendida terrazza affacciata sul mare, l'associazione organizza spesso proiezioni e corsi che vanno dalla danza, al cinema, alla fotografia. I soci possono soggiornare qui e approfittare anche dei prodotti locali, tra cui olio, ortaggi, marmellate di agrumi e altri frutti. Oltre a gustare il pane e la pizza cotti nel forno a legna. La casa rurale dispone anche di una piccola piscina e di connessione internet tramite wi-fi. La Selva ha tra i suoi principi fondativi l'utilizzo consapevole delle risorse, perciò tutte le attività si svolgono all'insegna dell'ottimizzazione energetica e del riciclo.

Dal 2018, infine, l'associazione si dedica anche alla produzione di cosmetici, che vengono realizzati sul posto in un piccolo laboratorio utilizzando esclusivamente materie prime naturali, preferibilmente del territorio, e packaging ecologici (vetro, alluminio ecc.).

Questo magnifico luogo si raggiunge solo a piedi, in circa quindici minuti dal campo sportivo di Montepertuso, oppure in mezz'ora dalla strada statale 163 Amalfitana. Ma niente paura: per trasportare i bagagli c'è una comoda teleferica.

Indirizzo Località Montepertuso, 84017 – Positano (SA), www.associazionelaselva.it, www.laselvacosmetici.com, tel. 348.7239692 (Martha), 347.1669308 (Cristiano) | Come arrivare Nocelle e Montepertuso si raggiungono coi bus della compagnia Sita | Orari Variabili a seconda delle stagioni | Un suggerimento Per gli amanti dell'arrampicata sportiva è consigliata la guida *Malopasso* (Versante sud, nuova edizione 2023), scritta da Oreste Bottiglieri, tra i massimi esperti di questa attività nei Monti Lattari.

65 Sentiero degli Innamorati

Fino alla spiaggia di Fornillo

La fama di Positano è legata ai moltissimi artisti, pittori e scrittori che l'hanno frequentata. Tra i tanti, ne parlò anche il grande John Steinbeck. "Se lo racconto si riempirà di turisti" scrisse su *Harper's Bazaar* nel 1953. E fu profetico, perché oggi le fascinose stradine di questo piccolo centro sono affollatissime di turisti provenienti da ogni parte del mondo, smaniosi di farsi un selfie o di acquistare oggetti firmati e alla moda.

A Positano sono ambientati anche molti film di grande successo del dopoguerra, come *Quel fantasma di mio marito* (1950) di Camillo Mastrocinque, con Walter Chiari e Mady Saint-Michel, la quale soggiornò a lungo in paese. E vi sono state girate scene di *Goodbye, Mr. Chips* (1969) di Herbert Ross, con Peter O'Toole e Petula Clark, e di *Leoni al sole* (1961) di Vittorio Caprioli, con una giovanissima Franca Valeri e alcune canzoni di Mina.

Nel film *Only you* (1994) di Norman Jewison, tradotto in Italia col titolo *Amore a prima vista*, la giovane Faith, interpretata da Marisa Tomei, insegue un amore italiano e in una scena percorre la stradina che conduce alla spiaggia di Fornillo. La stradina parte dal molo di Marina Grande e conduce, appunto, fino a una spiaggia riparata chiusa in una caletta, sul cui sfondo, verso ovest, si staglia un'antica torre. All'inizio del Novecento la torre fu acquistata e restaurata dall'architetto svizzero Gilbert Clavel e fu cenacolo di scrittori e artisti del calibro di Norman Douglas, Pablo Picasso, Fortunato Depero, Jean Cocteau e Filippo Tommaso Marinetti.

La passeggiata che conduce fin qui è stata battezzata Via Positanesi d'America ma è anche conosciuta come Sentiero degli Innamorati. Lungo il breve percorso regala belle vedute sul mare e su questo tratto di Costiera, e passa accanto ad alcune magnifiche abitazioni private. Dalla spiaggia si può salire verso la parte alta di Positano seguendo una ripida gradinata che si innesta nel dedalo di vicoletti, tra supportici, archetti, e case intonacate di bianco e colori pastello.

Indirizzo Via Positanesi d'America, 84017 – Positano (SA) | Come arrivare Positano è servita dai bus della compagnia Sita | Orari Luogo all'aperto | Un suggerimento Alle spalle della chiesa di Santa Maria Assunta, in via della Tartana 2, Safari propone molti modelli dei famosi sandali positanesi (www.safaripositano.com, tel. 089.811440).

66 Vallone Porto

Santuario della natura

A poca distanza da Montepertuso si trova Nocelle, un'altra frazione di Positano. Questo piccolo gruppo di case è ben conosciuto dagli escursionisti che percorrono il Sentiero degli Dei (vedi n. 7), visto che si trova proprio alla fine della mulattiera. Da qui è possibile tornare a Bomerano (Agerola) in bus, oppure percorrere i 1.700 gradini che scendono fino ad Arienzo (Positano) lungo la strada statale 163 Amalfitana.

Le frazioni di Montepertuso e Nocelle sono separate da una profonda forra scavata dal torrente Porto in rocce calcareo-dolomitiche formatesi nel periodo Giurassico, cioè tra 200 e 145 milioni di anni fa. L'area del vallone copre una superficie di circa 11 ettari, e vi si può accedere attraverso un impervio sentiero che parte dalla strada statale nei pressi della frazione di Arienzo e si addentra tra le alte pareti della forra, ricca di vegetazione.

L'ecosistema di questo vallone somiglia a quello della Valle delle Ferriere (vedi n. 85): è caratterizzato da un ambiente umido nel quale proliferano le felci e nidificano molte specie di uccelli, tra cui il falco pellegrino, il gufo, la civetta e il gheppio. Qui è facile avvistare anche la salamandrina dagli occhiali, un piccolo anfibio tipico di questi ambienti umidi ma in genere assai schivo. Se ci si muove senza far rumore, lo si può vedere appostato sui sassi in prossimità del torrente.

Nel Vallone Porto giunse all'inizio degli anni Settanta un giovanissimo studente toscano, Gianni Menichetti. Qui conobbe l'artista australiana Vali Myers e decise di restare a vivere insieme a lei in vita eremitica. Negli ultimi anni della sua vita Myers tornò in Australia, mentre Menichetti rimase nel vallone insieme ai suoi animali, dando vita a un vero e proprio tempietto-santuario selvaggio dove ha esercitato la sua propensione all'arte e all'amore per la natura. In questo modo ha contribuito a mantenere integro il vallone, tenendo lontana la possibilità di speculazioni edilizie che hanno deturpato altri ambienti naturali della Costiera (www.giannimenichetti.com).

Indirizzo Località Arienzo, 84017 – Positano (SA) | Come arrivare Arienzo di Positano si raggiunge coi bus della compagnia Sita | Orari Luogo all'aperto | Un suggerimento Alla foce del vallone, la spiaggia ghiaiosa di Arienzo, un tempo paradiso dei naturisti, è tra le più belle di Positano. Sulla spiaggia c'è anche un lido con bar.

67 La villa sotto la chiesa

Un museo archeologico narrante

Tra il 2003 e il 2016 uno scavo archeologico sotto la chiesa dell'Assunta ha riportato alla luce una splendida villa romana. A lungo sepolta dai materiali vulcanici dell'eruzione vesuviana del 79 d.C., è un luogo eccezionale, da poco aperto al pubblico come MAR, Museo Archeologico di Positano.

La visita guidata parte dalla cosiddetta "cripta inferiore", dove sono conservati 69 colatoi utilizzati nei secoli dai monaci per "scolare" i defunti. Questa pratica, un tempo molto diffusa, consisteva nel sistemare i cadaveri in posizione seduta affinché perdessero i fluidi corporei. Nella cripta sono stati ritrovati oltre tremila scheletri umani. Una piccola esposizione mostra un campionario di ossa sulle quali si leggono i segni delle patologie più diffuse in passato. In un altro ambiente c'è la bocca di un pozzo profondo 9 metri che attraversa i depositi vulcanici e che si trovava al centro di una piazzetta antistante la vecchia chiesa, evidentemente molto più piccola di quella attuale.

Una scala in vetro conduce alla parte più interessante della visita: lo scavo archeologico vero e proprio. Si accede a un ambiente di una villa romana con mosaici e pitture di quarto stile pompeiano. Lo scavo permette di osservare la dinamica del crollo di un muro della villa per effetto di una frana. Qui l'eruzione del Vesuvio non produsse danni diretti: ceneri e lapilli si accumularono sui versanti del canalone a monte dell'attuale centro abitato, formando depositi alti fino a 20 metri. Quel materiale in parte si solidificò ed è sopravvissuto fino a oggi – localmente viene chiamato *durece*, a rimarcarne la solidità – e in parte franò poco dopo l'eruzione, causando la distruzione della villa. Sul lato meridionale dello scavo si vede bene lo spessore di materiali che cela il resto della villa, sotto l'attuale chiesa.

La visita si conclude nella cripta medievale. Qui sono stati riutilizzati marmi e frammenti di colonne della villa romana. È stata proprio la loro presenza a far supporre che, sepolta sotto strati di depositi piroclastici, si celasse un'importante villa.

Indirizzo Piazza Flavio Gioia 7, 84017 – Positano (SA), www.marpositano.it, ticketoffice@marpositano.it, WhatsApp 331.2085821 | Come arrivare Positano si raggiunge coi bus della compagnia Sita o coi traghetti della compagnia di navigazione Travelmar. È sconsigliato arrivarci in auto, dato il costo molto elevato dei parcheggi | Orari 1° aprile-31 ottobre: tutti i giorni 9-21; 1° novembre-31 marzo: tutti i giorni 10-16 | Un suggerimento La chiesa custodisce una preziosa Madonna nera bizantina, dipinta su una tavola di legno di cedro. Il sagrato della chiesa, su piazza Flavio Gioia, è decorato con opere di Mimmo Paladino.

68_Cala della Gavitella

Acqua turchese sotto la scogliera

Il paesino di Praiano sorge arroccato in una zona particolarmente scoscesa della Costiera Amalfitana, e per questo motivo non ha molte spiagge comode, a dispetto del nome che ricorda la parola *praia*, cioè spiaggia. In realtà il suo antico nome era *Pelagianum*, che significa mare aperto, forse per via dell'ampia visuale offerta dalla posizione soprelevata.

Tuttavia ci sono diverse belle calette, tra cui quella della Gavitella, particolarmente apprezzata perché grazie all'esposizione a ovest è soleggiata fino al tramonto. E perché offre una bella vista verso le alte rupi di Positano, con gli isolotti Li Galli (vedi n. 62) e sullo sfondo i faraglioni di Capri.

Questa spiaggia si trova proprio sotto la frazione di Vettica Maggiore, alla base della falesia di roccia calcarea che dà direttamente sul mare. La forma concava della scogliera la fa somigliare a una cava, da cui il nome del luogo. Come gran parte delle spiagge di questa costa, anche la Gavitella è fatta di ciottoli. Ma il fronte è largo solo una trentina di metri, quasi tutti occupati da due piattaforme in cemento costruite agli inizi del Novecento per tirare in secca le barche dei pescatori. È qui che sono soliti sistemarsi i bagnanti. C'è comunque in funzione uno stabilimento balneare con un buon ristorante e bar, naturalmente vista mare (www.lagavitella.it).

L'acqua di questa spiaggia è particolarmente limpida e il fondale chiaro e luminoso. Nuotando verso sinistra e aggirando il costone roccioso, dopo una cinquantina di metri si giunge alla cosiddetta Fontana dell'Altare, una piccola grotta alla cui entrata c'è una splendida piscina naturale.

La Gavitella si raggiunge dal centro di Praiano imboccando via Masa e poi una serie di scalinatelle e viottoli, per un totale di 413 gradini. Il percorso è molto bello per il panorama e per la vegetazione che si staglia contro il blu del mare. Naturalmente bisogna mettere in conto il ritorno, evitando di fare salite nelle ore più calde.

Indirizzo Via Gavitella, 84010 – Praiano (SA) | Come arrivare Praiano si raggiunge coi bus della compagnia Sita. Alla spiaggia si può arrivare anche via mare, con barche private da Marina di Praia e da Positano | Orari Luogo all'aperto | Un suggerimento La chiesa parrocchiale di San Gennaro ha una cupola maiolicata tra le più scenografiche della Costiera.

69 La casa di Sol LeWitt

Fucina di artisti

Originario del Connecticut, Solomon "Sol" LeWitt è stato uno dei massimi esponenti statunitensi dell'arte concettuale e del minimalismo. Dopo un lungo periodo di formazione a New York, raggiunse la notorietà per diverse serie di lavori, tra cui sculture in legno che amava definire "strutture", sviluppate all'interno di cubi seguendo le proporzioni del corpo umano, ma anche disegni su muro (*wall drawings*), generalmente effimeri, e tante altre opere, inclusi numerosi libri d'artista prodotti in pochissimi esemplari.

All'inizio degli anni Settanta si trasferì in Italia e stabilì il suo studio nel centro di Spoleto, in Umbria. Qui diede vita a molti dei lavori successivi utilizzando varie tecniche, dalla pittura al disegno, dall'incisione alla fotografia. Realizzò strutture in legno, alluminio, acciaio, calcestruzzo. Ma anche molte *gouaches*, oltre naturalmente ai famosi libri d'artista che sono finiti nei musei di mezzo mondo.

Alla fine degli anni Novanta Sol LeWitt si allontanò dalla rigidità geometrica e sperimentò motivi curvilinei e colori saturi. A questo periodo appartengono molti lavori murali rappresentativi del nuovo corso, alcuni dei quali nacquero in Costiera Amalfitana, nella casa che l'artista frequentò a Praiano già dagli anni Settanta.

Casa L'Orto è un edificio risalente al Settecento, costruito dagli antenati di Carol LeWitt, moglie dell'artista, nella frazione Vettica Maggiore di Praiano. Oggi ospita il progetto Marea, finalizzato alla promozione dell'arte e alla formazione di nuovi artisti mediante residenze. Il progetto si rivolge a professionisti e professioniste dell'arte nelle sue varie accezioni – arti visive, danza, musica, cinema, teatro, letteratura, fotografia, ma anche architettura e scienza – e ha lo scopo di restituire alla Costiera Amalfitana la sua funzione di luogo di scambio e creazione, nel solco di una tradizione che ha visto passare in questi posti tantissimi artisti importanti. Molte le iniziative culturali negli spazi e all'esterno della casa. Oltre a Casa LeWitt, il progetto include diverse meravigliose dimore tra Praiano e Positano.

Indirizzo Via Capo Vettica 20, 84010 – Praiano (SA), www.mareartproject.com, info@mareartproject.com, tel. 350.0470811 | Come arrivare Praiano si raggiunge coi bus della compagnia Sita | Orari Aperta in occasione di eventi segnalati sul sito | Un suggerimento Al Ristorante M'ama!, all'interno dell'Hotel Margherita a Praiano, hanno soggiornato artisti come Sol LeWitt e Yoko Ono. La sala ospita opere di Mary Cinque (vedi n. 1) ispirate ai colori e ai prodotti della Costiera (via Umberto I 72, www.hotelmargherita.info, tel. 089.874628).

70_Convento di San Domenico

Un balcone appartato sulla Costiera

Sopra l'abitato di Vettica Maggiore, frazione di Praiano, in posizione isolata, il convento di San Domenico vanta una lunga storia. A quanto pare qui già nel Quattrocento c'era una minuscola chiesetta, poi progressivamente ingrandita e in seguito affiancata dalla costruzione di un monastero. La chiesa è dedicata a Santa Maria a Castro e custodisce nell'abside un bell'affresco quattrocentesco raffigurante la Madonna delle Grazie, con Cristo e vari santi. Il convento, su due livelli, dispone di poche celle e ha un'interessante copertura a doppia volta, una tecnica di coibentazione molto diffusa in Costiera.

Il piccolo sagrato antistante la chiesa è un luogo di pace. Da qui si ha una magnifica veduta sui terrazzamenti coi loro pergolati, sul Vallone Fontanelle e sulle case bianche di Vettica Maggiore, dove si distinguono il campanile e la parrocchiale di San Gennaro con la sua bella cupola maiolicata. La vista spazia poi sul mare fino agli isolotti Li Galli (vedi n. 62) e ai faraglioni di Capri in lontananza.

Questo luogo magico e solitario si raggiunge da Vettica Maggiore salendo per un curato sentiero a gradini che richiede circa tre quarti d'ora di cammino. Sebbene sia faticoso per via della salita, l'avvicinamento è piacevole e offre molti scorci di grande fascino.

Proseguendo dopo il convento, il sentiero si raccorda in circa un quarto d'ora al Sentiero degli Dei (vedi n. 7), e lungo il percorso si vede anche un piccolo arco naturale in roccia, relitto di qualche antica grotta smantellata dall'erosione. In alternativa, quindi, è possibile giungere al convento partendo da piazza Capasso a Bomerano, percorrendo il Sentiero degli Dei per la prima mezz'ora, e qui deviare a sinistra. Entrambi gli itinerari sono agevoli, se si è abituati a camminare in montagna. È bene prestare attenzione in alcuni passaggi sulle rocce che potrebbero risultare scivolosi in caso di pioggia o nelle prime ore del mattino.

Indirizzo Convento di San Domenico, Vettica Maggiore, 84010 – Praiano (SA) | Come arrivare Praiano e Bomerano di Agerola si raggiungono coi bus della compagnia Sita | Orari Variabili, per informazioni: www.praiano.org, info@praiano.org, tel. 089.874557 | Un suggerimento All'inizio di agosto a Praiano si svolge la Luminaria di San Domenico, durante la quale gli abitanti creano spettacolari coreografie col fuoco e con la cera (www.luminariadisandomenico.it).

71 I liutai Scala

Dove rivivono gli strumenti antichi

Nella parte alta di Praiano c'è un luogo dove gli antichi strumenti musicali tornano a vivere e ne nascono di nuovi. Leonardo Scala ha imparato da suo padre Pasquale l'arte della liuteria. Fin da ragazzo si è esercitato con lui a restaurare chitarre, mandolini e non solo. In passato le mani di Pasquale hanno ricavato strumenti da documenti e dipinti antichi, come una ghironda ispirata a un quadro di Bosch e una a Giorgione, ma anche un elegante salterio da tavolo, viole da gamba, vielle, liuti e chitarre barocche.

Nel laboratorio dei liutai Scala nascono vere opere d'arte, ricche di decorazioni e intarsi in osso o madreperla, e rosette in pergamena o legno traforato. Chitarre classiche, battenti cilentane e settecentesche, romantiche e barocche, e naturalmente mandolini, mandole e mandoloni ispirati alla lunga tradizione musicale napoletana e campana, oppure colascioni di derivazione araba. Ma anche chitarre acustiche elettrificate, le cosiddette *solid body*, prive di cassa di risonanza ma con il corpo in legno pieno.

Padre e figlio scelgono con cura i legni da utilizzare per il corpo degli strumenti – ebano, palissandro, abete rosso, acero marezzato, noce, ciliegio – e i materiali per gli intarsi e le decorazioni, dando vita a oggetti meravigliosi da suonare ma anche da guardare.

Non è un mercato facile quello degli strumenti musicali artigianali, visto che una chitarra interamente fatta a mano richiede molti mesi di lavoro. Ma la fama dei liutai Scala ha ormai varcato i confini nazionali. Oltre agli strumenti musicali, qui prendono forma anche coltelli artigianali, sia ispirati a modelli antichi sia di nuova concezione, sempre realizzati con materiali scelti accuratamente e decorati con eleganza e maestria.

Al laboratorio si giunge imboccando via Marconi dalla statale 163 Amalfitana. Qui vale la pena voltarsi a osservare la cupola maiolicata della chiesa di San Gennaro che si staglia sul panorama della Costiera con Positano sullo sfondo. Musica anche per gli occhi.

Indirizzo Via Umberto I 68A, 84010 – Praiano (SA), www.liuteriascala.com, info@liuteriascala.com, tel. 331.2524692 | Come arrivare Praiano si raggiunge coi bus della compagnia Sita | Orari Su appuntamento | Un suggerimento In diverse stradine del paese si possono vedere opere di vari artisti, come quelle del ceramista Lucio Liguori. Sono state realizzate nell'ambito del progetto Naturarte (www.praiano.org).

72 Marina di Praia

Un approdo tra le rocce

Dalla parte opposta rispetto alla cala della Gavitella, ovvero lungo la strada che da Praiano si dirige verso Conca dei Marini, il profondo vallone del torrente Praia sfocia in mare formando una baia riparata. È la Marina di Praia, un'insenatura che per secoli è stata strategica perché naturalmente protetta dalle alte pareti rocciose. Per questo motivo fu un approdo utilizzato da vari centri della zona, inclusa Agerola, che si trova più in alto proprio in corrispondenza del vallone. Addossate alla roccia fanno capolino alcune vecchie casette coi tetti a volta tipici della Costiera (vedi n. 109), e si vedono le grotte che un tempo erano usate come *munazzeri*, cioè come ricoveri e rimesse per le barche.

L'ampia spiaggia di ciottoli è frequentata sia dai turisti sia dagli abitanti del posto, anche per via dei tanti locali, ristoranti e strutture ricettive in funzione da diversi decenni. L'atmosfera è molto suggestiva, con le barchette colorate tirate in secca oppure in rada proprio davanti alla spiaggia.

Un percorso cementato si inoltra lungo la scogliera verso sud, fino alla Torre di Mare, di forma cilindrica e parte dell'antica rete di torri di avvistamento realizzata a partire dal IX secolo per proteggere la costa. Questa passeggiata offre una magnifica vista sulle quinte di falesie in direzione di Conca dei Marini. Noleggiando una barca o una canoa è possibile fare escursioni lungo la scogliera alla scoperta di anfratti e grotte che si aprono sul livello del mare.

Negli anni d'oro dei night club era molto di moda L'Africana, una discoteca ricavata proprio dentro la scogliera di Marina di Praia. Il locale vide passare molti personaggi noti, tra cui Fred Bongusto, Peppino di Capri e addirittura Frank Sinatra. Oggi questa caletta è un po' meno movimentata, ma specialmente in alta stagione viene presa d'assalto dai turisti, che ne affollano la spiaggia e i ristoranti. Vale la pena perciò venirci nei mesi più tranquilli, quando si può godere meglio della bellezza del posto.

Indirizzo Marina di Praia, 84010 – Praiano (SA) | Come arrivare Marina di Praia si raggiunge coi bus della compagnia Sita, che effettuano una fermata lungo la statale 163 Amalfitana. Da qui si scende alla marina per una ripida stradina carrozzabile di 300 m. Alla marina si può arrivare anche via mare con barche private da Positano | Orari Luogo all'aperto | Un suggerimento Qui ha sede il Centro Sub Costiera Amalfitana, che offre immersioni, corsi e gite in barca (www.centrosubcostieraamalfitana.com, tel. 089.831261).

73_Gli amboni del duomo

Splendidi mosaici bizantini

Nota soprattutto per le sue eleganti ville affacciate sullo strapiombo e sul mare, la cittadina di Ravello custodisce diversi altri tesori, tra cui il duomo. La facciata pulita non è molto seducente, ma basta avvicinarsi per notare innanzitutto la bellezza della porta centrale, costituita da ottanta preziose formelle in bronzo datate 1179, sotto un architrave di reimpiego risalente al periodo romano.

L'interno appare da subito molto più affascinante, nello stile disadorno tipico del romanico di inizio XI secolo, a tre semplici navate. La chiesa è dedicata a san Pantaleone e a Maria Assunta. Nella cappella intitolata al santo è custodita una reliquia di sangue che secondo la tradizione si liquefa ogni anno nel mese di luglio. Ampolle con lo stesso sangue sono sparse in altri luoghi dell'Italia meridionale, oltre che a Istanbul e a Madrid.

La cripta attualmente ospita un museo con urne, lapidi e sculture di epoca romana e medievale; annessa c'è una sezione allestita a pinacoteca. La chiesa dispone anche di un moderno organo a canne con un'eccellente resa acustica.

Ma gli elementi forse più interessanti sono i due amboni, disposti ai lati della navata centrale. A sinistra l'ambone dell'Epistola, anche detto Rogadeo dal nome del vescovo che lo commissionò intorno al 1130, è in marmo, in stile bizantino. La sua particolarità è che presenta due scale d'accesso, a differenza dei pulpiti classici. Bellissime le raffigurazioni musive del celebre episodio biblico di Giona con la balena. Questo ambone inizialmente si trovava a destra della navata, da dove fu spostato nel 1272 per fare posto al pulpito che si vede ancora oggi, detto del Vangelo. Quest'ultimo si distingue, oltre che per le splendide decorazioni a mosaico, anche per il fatto di poggiare su sei elegantissime colonnine tortili sorrette da altrettanti piccoli leoni stilofori. Fu realizzato da Nicola di Bartolomeo da Foggia su commissione della ricca famiglia Rufolo, proprietaria dell'omonima villa (vedi n. 79).

Indirizzo Piazza Duomo, 84010 – Ravello (SA), tel. 089.858029 | **Come arrivare** Ravello si raggiunge coi bus della compagnia Sita | **Orari** Tutti i giorni in orari variabili a seconda delle stagioni. Ingresso gratuito durante le messe | **Un suggerimento** Nel museo vale la pena soffermarsi sul bellissimo busto di Sigilgaida Rufolo, datato 1272 e attribuito allo stesso artista del pulpito del Vangelo.

74 Bottega D'Ago

Moda d'artista

Nel panorama di una moda ormai piuttosto omologata e appiattita su schemi ripetitivi, esistono piccole realtà che ancora amano sperimentare idee nuove. La piccola bottega creata da Laura D'Agostino e Anthony Cantarella si trova in un vicoletto a poca distanza dal duomo di Ravello: qui nascono accessori e abbigliamento femminili artigianali e ispirati a oggetti e motivi della tradizione locale. Innanzitutto vestiti in lino, lana e seta in colori che ricordano la Costiera. Ma anche borse originali, come quelle che si rifanno alle nasse, alle reti da pesca o alle bisacce dei muli, oppure ancora alle forme dei cesti in vimini usati per la produzione dei formaggi dei Monti Lattari. Bellissime le stole e i caftani in lino stampati a mano con timbri e motivi ispirati a Ravello. Infine il *maccaturo*, il fazzoletto un tempo indossato dalle donne anziane per coprire il capo, qui riscoperto in chiave contemporanea.

Il laboratorio è a vista, in modo che chiunque possa vedere Laura al lavoro tra le stoffe e i disegni. I prodotti non vengono confezionati in serie: il processo creativo è lento e modellato sulla singola persona. Gli oggetti che nascono alla bottega D'Ago recano le piccole imperfezioni derivanti dalla manualità con cui vengono realizzati singolarmente, pezzo per pezzo. Si può dire che sia questo il vero lusso: la ricerca di cose fatte con cura, abiti dotati di una storia, di un'anima, e quindi capaci di raccontare i luoghi dove sono stati prodotti. Le clienti qui possono misurare delle tele di prova e scegliere le modifiche o le variazioni da apportare. Nel giro di tre ore il capo è pronto: il tempo di una passeggiata nelle favolose ville di Ravello e si può tornare a ritirarlo.

Bottega d'Ago organizza laboratori per chi volesse apprendere o semplicemente scoprire le tecniche che qui vengono utilizzate. Ma è anche un posto piacevole dove trattenersi semplicemente a chiacchierare. Perché è dal confronto che nascono nuove idee e reti di relazioni, che per Laura e Anthony sono la cosa più importante.

Indirizzo Via Santissima Trinità 7, 84010 – Ravello (SA), www.bottegadago.it, tel. 347.0977207 | Come arrivare Ravello si raggiunge coi bus della compagnia Sita | Orari Variabili a seconda della stagione | Un suggerimento Di fianco al duomo, la bottega Eva Caruso produce sul posto sandali artigianali con motivi amalfitani (piazza Duomo 6, www.instagram.com/bottegaevacaruso, tel. 320.0535726).

75 La cappella dell'Ospedale

Una grotta disegnata da Escher

Molte grotte carsiche della Costiera ospitano chiese, cappelle o monasteri (vedi nn. 17, 41). Spesso queste grotte e le loro strutture rupestri si trovano in posizioni appartate e difficili da raggiungere, ma a Ravello ce n'è una proprio in paese. Ci si arriva da piazza Duomo percorrendo a piedi la stretta via Roma, poi i gradini che scendono su via della Rimembranza. Qui, sulla destra, proprio sul margine della strada che conduce in salita verso piazza Fontana Moresca, c'è una piccola cappella molto antica. È citata infatti già in un documento del 1039 ed era originariamente detta dell'Angelo, probabilmente perché dedicata all'arcangelo Michele, come quasi tutti i luoghi cristiani che in Italia meridionale sorgono all'ingresso di grotte. In realtà è probabile che questa grotta fosse usata come luogo di culto ben prima della costruzione della cappella nel suo aspetto attuale. In una fase successiva la chiesetta venne ingrandita e le fu affiancato un "ospitale" per accogliere i pellegrini, motivo per cui il suo nome cambiò in Madonna dell'Ospedale, com'è conosciuta ancora oggi.

La facciata semplice, in muratura imbiancata e con un minuscolo portale retto da due colonnine, non lascia intuire la singolare bellezza e il fascino dell'interno. L'unico ambiente si chiude con un piccolo altare addossato alla roccia, con un affresco aggiunto nell'Ottocento e che ancora sopravvive nonostante l'umidità del luogo. Sulla sinistra, tra decorazioni di epoche precedenti si vede chiaramente l'inizio della grotta. La si può esplorare affacciandosi dietro l'altare sul lato opposto, cioè sulla destra. Un impianto di canalizzazione dell'acqua che gocciola dalle stalattiti alimenta una cisterna sotterranea ancora funzionante.

La magia del luogo colpì anche Maurits Cornelis Escher, che frequentava Ravello e raffigurò questa cappella in una delle sue xilografie. Osservando gli archetti addossati alla roccia, del resto, si ha esattamente l'impressione di trovarsi dentro una creazione del celebre incisore olandese.

Indirizzo Viale Parco della Rimembranza, 84010 – Ravello (SA) | Come arrivare Ravello si raggiunge coi bus della compagnia Sita | Orari In genere è aperta tutti i giorni. Altrimenti è possibile chiedere informazioni all'interno del duomo (tel. 089.858029) | Un suggerimento Il liquorificio Cello produce un ottimo limoncello usando solo la varietà Sfusato Amalfitano (vedi n. 11). Alcune etichette sono state disegnate dall'artista Mary Cinque (vedi n. 1; via Chiunzi 1/a, www.lemoncello.me, tel. 089.857174).

76 Museo del Corallo Camo

Un'antica tradizione di famiglia

Proprio accanto al duomo, questo luogo custodisce l'antica tradizione della lavorazione del corallo, radicata nel Golfo di Napoli e nell'area vesuviana – ma anche nella zona amalfitana – almeno dal tempo della repubblica marinara.

Anticamente, la pesca del corallo era molto diffusa in tutto il Mediterraneo, ma per secoli questo materiale è rimasto un mistero. Solo nel Seicento se ne è compresa l'origine animale: il corallo è costituito infatti da carbonato di calcio depositato in forme arborescenti da organismi sottomarini. Il suo colore più comune è il rosso, ma ne esistono anche di neri, ad esempio nell'Adriatico e nel Mar Rosso, oppure gialli o blu, davanti ad alcune coste africane.

Grazie all'esperienza maturata nel corso dei secoli, gli artigiani italiani hanno ancora oggi un ruolo molto importante nella lavorazione del corallo. Se ne ha una conferma a Ravello visitando il museo e l'attiguo negozio e laboratorio, che in poco spazio racchiudono un ricchissimo campionario delle tante meraviglie ricavabili da questo pregiato materiale. Il piccolo ma ricchissimo Museo del Corallo Camo nacque nel 1986 per intuizione di Giorgio Filocamo, che volle rendere fruibile la preziosa collezione di famiglia, stirpe di corallari siculo-napoletani giunti a Ravello da Ercolano. Le teche ospitano antiche lavorazioni in corallo, volti, figure, collane, e cammei che riproducono scene classiche o figure mitologiche, ma anche creazioni più recenti, tutte sapientemente disposte e documentate, a raccontare la lunga storia di questo materiale che ancora oggi viene trasformato nel laboratorio di famiglia.

Qui nascono tuttora creazioni originali, non soltanto in corallo ma anche in conchiglia. Tra le altre cose, si scopre pure che il corallo è un portafortuna ed è all'origine del famoso *curniciello*, il corno napoletano, che – com'è risaputo – deve essere *tuosto, stuorto e cu 'a ponta*, cioè solido, ricurvo e appuntito. E soprattutto, per essere efficace come portafortuna, lo si deve ricevere in regalo.

Indirizzo Piazza Duomo 9, 84010 – Ravello (SA), www.museodelcorallo.com, info@museodelcorallo.com, tel. 089.857461 | Come arrivare Ravello è servita dai bus della compagnia Sita | Orari Alta stagione: tutti i giorni 9-20; bassa stagione: generalmente 9:30-13, chiuso lun. Il museo è gratuito e si visita su prenotazione | Un suggerimento Nello storico bar pasticceria Al San Domingo, affacciato sulla piazza, da provare i cocktail preparati da Fernando (www.alsandomingo.com, tel. 089.857142).

77_Santuario dei Santi Cosma e Damiano

Costruito dentro la roccia

Tra i luoghi di culto costruiti dentro grotte o addossati alla roccia (vedi nn. 17, 41, 75), questo santuario rappresenta sicuramente uno degli esempi più importanti. Non è visibile da lontano perché si trova in posizione un po' nascosta, proprio sotto l'abitato di Ravello, ma è facilmente raggiungibile con una breve passeggiata. All'arrivo, il colpo d'occhio è notevole: un'alta parete di roccia calcarea domina un vasto complesso di edifici che, nonostante la loro mole, sembrano quasi fusi col contesto naturale. L'insediamento è citato in documenti del XIV secolo, che però non forniscono molte informazioni sulla tipologia e l'estensione degli edifici presenti all'epoca. Non è chiaro se il sito fosse già usato da eremiti o anacoreti, ma sicuramente nella fase iniziale i corpi di fabbrica erano più piccoli rispetto a oggi. Il luogo era molto venerato, sicché la struttura andò ingrandendosi nel corso dei secoli. Ancora oggi qui giungono ogni anno migliaia di pellegrini devoti a Cosma e Damiano, i cosiddetti santi medici, curatori del corpo e dello spirito, e nel corso del tempo all'interno del santuario si è accumulato un gran numero di ex voto.

Nel dopoguerra furono costruite nuove abitazioni che inglobarono parte del santuario. La chiesa visibile oggi è frutto di un notevole ampliamento avviato proprio in quel periodo e portato a termine solo negli anni Settanta. Non è più visibile quindi la chiesa precedente, un piccolo edificio addossato alla roccia e con un minuscolo campanile aggrappato alla parete (una lunga corda permetteva di suonare le campane). Di questo campanile non restano che pochi ruderi.

Vale la pena arrivare dal centro del paese: il santuario non è sempre aperto, ma con un po' di fortuna ci si può affacciare dalla grande terrazza e godere di una magnifica vista su un ampio tratto di Costiera. I religiosi hanno spesso scelto luoghi appartati per i loro insediamenti, ma raramente si sono fatti mancare la bellezza della natura.

Indirizzo Via San Cosma, 84010 – Ravello (SA), tel. 089.858577 | **Come arrivare** Ravello si raggiunge coi bus della compagnia Sita | **Orari** La chiesa è aperta durante le funzioni religiose | **Un suggerimento** Lungo la strada che conduce all'eremo si trova il nuovo Auditorium Oscar Niemeyer, che ospita vari eventi musicali (via della Repubblica 12).

78 Villa Cimbrone

Una terrazza sull'infinito

Di questo luogo si hanno notizie fin dall'XI secolo, periodo d'oro di Ravello. Antico latifondo con alcuni edifici situato in un punto chiamato *Cimbronium*, a strapiombo sugli alti costoni rocciosi che guardano su Maiori e Minori e su un ampio tratto di Costiera, appartenne inizialmente alla famiglia degli Acconciajoco, per poi passare nel XIV secolo ai Fusco, imparentati coi Pitti di Firenze e i d'Angiò di Napoli.

Agli inizi del Novecento la villa fu acquistata da Lord Grimthorpe, Ernest William Beckett, determinato a farla diventare uno dei luoghi più belli del mondo. I giardini furono ridisegnati dalla scrittrice e botanica Vita Sackville-West e rappresentano una delle massime espressioni del giardino all'inglese, coi tipici elementi che includono fontane, tempietti, finte grotte e statue. Un chiostro è decorato con motivi in stile arabo-normanno; un viale coperto da un pergolato conduce alla statua di Cerere e alla Terrazza dell'Infinito, dove magnifici busti in marmo del Settecento si stagliano contro il cielo e il mare.

Tra i vari personaggi passati per la villa vi furono anche Greta Garbo e Leopold Stokowski, che nella primavera del 1938, come ricorda una lapide, vi trascorsero parte della loro storia d'amore.

Dopo un periodo di decadenza seguito alla Seconda guerra mondiale, a partire dagli anni Sessanta la villa è stata acquisita dalla famiglia Vuilleumier, che l'ha recuperata e trasformata in albergo. Oggi perciò ospita uno dei più esclusivi hotel al mondo, con splendide camere ricche di soffitti affrescati, opere d'arte, caminetti d'epoca e, naturalmente, una vista strepitosa.

Il giardino è visitabile tutto l'anno. Si può passeggiare nella sua tranquillità, che specialmente in bassa stagione sa regalare momenti di grande suggestione, soprattutto affacciandosi dal celebre belvedere. Da qui, la vista spazia su tutto il Golfo di Salerno fino al Cilento. Un luogo iconico non solo della Costiera Amalfitana, ma di tutta Italia.

Indirizzo Via Santa Chiara 26, 84010 – Ravello (SA), www.hotelvillacimbrone.com, tel. 089.857459 | Come arrivare Ravello è servita dai bus della compagnia Sita | Orari Visite tutti i giorni dalle 9 al tramonto. In alta stagione è consigliabile prenotare | Un suggerimento Al bar dell'Hotel Garden, in via Boccaccio 4, Gerardo prepara ottimi cocktail (www.gardenravello.com, www.instagram.com/gardenbar_ravello, tel. 089.857226).

79_Villa Rufolo

Il giardino che ispirò Boccaccio e Wagner

Nel suo *Viaggio in Italia*, il giornalista e scrittore Guido Piovene definisce Ravello "una Palermo in miniatura al riparo dei monti", per via dello stile arabo-normanno e orientaleggiante di molti suoi edifici. Se ne ha una prova entrando a Villa Rufolo, situata proprio di fianco al duomo. Si tratta di un vero e proprio complesso monumentale voluto dai Rufolo a partire dal X secolo, periodo in cui questa famiglia raggiunse grande ricchezza e fama. La villa, costruita fondendo gli stili arabo, bizantino e locale, venne dotata di un delizioso chiostro moresco, di un'alta torre e di un vasto giardino: la volontà era quella di creare un luogo principesco. Col declino della famiglia Rufolo, la villa passò di mano in mano per molti secoli, conoscendo altri periodi fortunati: a quanto pare i giardini ispirarono al Boccaccio l'ambientazione per la prima giornata del *Decamerone*.

Nell'Ottocento la villa versava in uno stato di completo abbandono quando fu acquistata dallo scozzese Sir Francis Nevile Reid, che la restaurò e affidò al ravellese Luigi Cicalese il compito di risistemare i giardini. Ne nacque un luogo fantastico che affascinò molti viaggiatori e artisti dell'epoca. Tra loro Richard Wagner, il quale lo prese a modello per il giardino incantato di Klingsor che compare nel secondo atto del *Parsifal*.

Purtroppo, alla morte di Reid la fortuna della villa scemò nuovamente, fino agli anni Settanta del Novecento, quando si decise di rilanciare questo monumento e i suoi giardini. Disposti su due livelli, sono un sorprendente concentrato di specie botaniche esotiche e vi crescono oltre trenta varietà di rose.

Villa Rufolo può essere a pieno titolo annoverata tra i simboli dell'Italia nel mondo. Oggi ospita la Fondazione Ravello, che la cura e la promuove, e tra le altre cose organizza il prestigioso Ravello Festival (www.ravellofestival.com). L'imponente torre accoglie un museo che ripercorre la storia della villa e custodisce opere d'arte che vanno dal periodo romano al Medioevo.

Indirizzo Piazza Duomo, 84010 – Ravello (SA), www.villarufolo.com, www.fondazioneravello.it, tel. 089.857621 (villa), 089.858360 (fondazione) | Come arrivare Ravello si raggiunge coi bus della compagnia Sita | Orari Tutti i giorni dalle 9 al tramonto | Un suggerimento Nella villa sono esposte anche alcune opere realizzate dal celebre fotografo Don McCullin durante una sua residenza artistica a Ravello.

80 La Marinella

Spiaggia e belvedere sulla Costiera

Viaggiando lungo la strada statale 145 Sorrentina in direzione ovest, appena prima di giungere a Sorrento si attraversa Sant'Agnello, un piccolo centro disposto anch'esso sull'ampia superficie orizzontale formatasi circa 39.000 anni fa per effetto della grande eruzione vulcanica conosciuta come "ignimbrite campana" (vedi n. 60). Oltre a offrire terreni assai fertili per la coltivazione dei famosi limoni, questa superficie regala molti punti panoramici in tutta la zona compresa tra Meta e Sorrento. L'alta falesia è traforata di grotte scavate nel corso dei secoli come ricoveri e rimesse per le barche, e vi sono state ricavate numerose discese più o meno ripide che raggiungono il mare.

A Sant'Agnello, nella zona dove si trovano i principali alberghi, il Belvedere della Marinella offre una magnifica vista sul mare, col Vesuvio che in lontananza fa da quinta al Golfo di Napoli.

Un passaggio pedonale scavato nel tufo dà accesso a una stradina che, a stretti zig-zag, scende fino alla spiaggia della Marinella, ricavata nell'angusto spazio ai piedi della scogliera tufacea. Qui c'è uno stabilimento balneare che fa capo all'omonimo residence e ristorante (www.lamarinellasorrento.com). Il lido, attrezzato con un bar-ristorante dove si possono trovare spuntini e snack, è molto frequentato nell'alta stagione. Alla Marinella si può giungere comodamente anche con un ascensore, in servizio tutti i giorni nelle ore diurne e comunque negli orari di apertura dello stabilimento.

I terreni vulcanici di questa parte di costiera fanno sì che qui la sabbia sia dorata e un po' scura rispetto a quella del resto della Penisola, dove prevalgono le rocce calcaree e quindi il colore bianco.

Il territorio comunale di Sant'Agnello si estende sui due versanti della Penisola Sorrentina, passando per l'altura di Colli di Fontanelle, anch'essa molto panoramica. Ci si può spingere fin qui per avere una bella vista sul versante amalfitano della Costiera coi suoi isolotti e sull'ampio panorama che nelle giornate di aria tersa arriva fino ai monti del Cilento.

Indirizzo Piazzetta Marinella, 80065 – Sant'Agnello (NA) **Come arrivare** Sant'Agnello si raggiunge coi treni della Circumvesuviana e coi bus della compagnia Sita **Orari** Belvedere sempre aperto. La discesa pedonale è aperta: maggio-settembre 6:30-23; ottobre-aprile 7-20 **Un suggerimento** A poche decine di metri, in via Nuovo Rione Cappuccini, il Belvedere dei Cappuccini è anch'esso molto panoramico. È stato rifatto e abbellito di recente.

81_I gradini della Minuta

A dorso di mulo

Minuta di nome e di fatto. È così che si chiama una delle più piccole contrade di Scala, centro costituito da cinque frazioni sparse sul colle che domina Amalfi e Atrani, per un totale di appena millecinquecento abitanti.

A Minuta vivono poche decine di persone. Il nucleo si trova leggermente più in alto di Pontone, il punto di partenza per visitare la Valle delle Ferriere (vedi n. 85). Ma anche da qui si può compiere una bella passeggiata, seguendo la lunga serie di gradini che scende ad Amalfi assecondando l'aspra e affascinante morfologia del territorio.

Si parte da un tornante di via Torricella. Qui è piuttosto comune vedere piccoli gruppi di muli sui quali vengono caricati materiali da costruzione, masserizie o prodotti degli orti. Il mulo è infatti ancora oggi l'unico modo per raggiungere svariati luoghi impervi della Costiera. Dopo pochi metri, i gradini di via Bottega conducono alla piazzetta antistante la chiesa, dove si trova una piccola fontana a forma di pozzo realizzata in pietra locale.

Sulla piazzetta affaccia la chiesa romanica dell'Annunziata, risalente almeno all'XI secolo e detta anche Della Minuta. Ha un bel portale in pietra, e all'interno capitelli di origine romana. La cripta è impreziosita da un ciclo di affreschi bizantini.

Si prosegue per via Lama di Pompei, che scende per una breve serie di zig-zag fino a passare davanti ai ruderi della chiesa di Sant'Eustachio (vedi n. 83). Da qui si perde gradualmente quota, passando tra alcuni bei limoneti. Il percorso è privo di difficoltà ma alcuni gradini possono essere leggermente scivolosi in caso di pioggia. Si cammina in tutta tranquillità, accompagnati di tanto in tanto dal lento scalpiccio dei muli al lavoro. La vista in alcuni punti è davvero splendida, e in breve si raggiunge Amalfi. Da qui, se non si ha voglia di rifare il percorso a ritroso, è possibile risparmiarsi la salita tornando al punto di partenza coi bus di linea che partono da piazza Flavio Gioia, presso il molo.

Indirizzo Via Bottega Minuta, contrada Minuta, 84010 – Scala (SA) | Come arrivare Le frazioni di Minuta e Ponto di Scala si raggiungono coi bus della compagnia Sita | Orari Luogo all'aperto | Un suggerimento Proprio in piazza Minuta, Palazzo Pascal è un elegante hotel diffuso con raffinato ristorante, piscina e vista magnifica (www.palazzopascal.it, tel. 089.858312).

82 Parco del Dragone

Avventura sotterranea e relax

Nella valle tra Ravello e Scala c'è un parco con giardini disposti secondo il tipico stile terrazzato della Costiera. È stato inaugurato nel 2023 ed è una buona occasione per trascorrere un paio d'ore in tranquillità in un posto ombreggiato accanto a un piccolo torrente.

Il nome del parco deriva proprio dal torrentello che scorre nella valle, e dalla grotta carsica che si apre sul fianco del versante montuoso, all'interno della struttura. Esplorata dagli speleologi del CAI Napoli nel 1978, la Grotta del Dragone si trova a circa 330 metri di quota e si sviluppa per oltre 200 metri dentro il costone di rocce calcaree sul quale sorge l'abitato di Scala.

Oggi è visitabile in compagnia delle guide del parco, indossando il casco da speleologo e muovendosi su un comodo percorso che permette di osservare le formazioni che l'acqua ha creato nei millenni, tra cui stalattiti, stalagmiti e colate di concrezione. La grotta è illuminata, quindi non è necessario avere con sé una luce. È consigliato invece indossare scarpe chiuse e possibilmente con la suola antiscivolo.

Ma il Parco del Dragone è anche molto altro. Passeggiando tra i suoi giardini terrazzati si scoprono ad esempio l'area giochi per i bambini, con altalene e scivoli, e un piccolo labirinto. Poco più su, una serie di vasche precede alcune installazioni artistiche, tra cui una scultura metallica a forma di drago che funge da fontana. Nella parte alta del parco ci sono altre sculture ed è stato allestito un piccolo teatro all'aperto dove si svolgono spettacoli e performance artistiche. Il parco è attrezzato inoltre con tavoli da picnic e vari punti di ristoro, chioschetti dove è possibile trattenersi all'ombra con snack, panini e bevande.

Una visita a questo parco offre l'opportunità di godersi qualche piacevole momento di relax, visitando la grotta e giovando anche del refrigerio di una valle sempre verdeggiante e abbastanza riparata dal sole. E, soprattutto, distante dalla folla della Costiera, che in piena estate può mettere alla prova anche i viaggiatori più navigati.

Indirizzo Via Porta di Scala, 84010 – Scala (SA), www.parcodeldragone.com, info@parcodeldragone.com, tel. 089.9357746, 328.1565546 | Come arrivare Scala si raggiunge coi bus della compagnia Sita | Orari Generalmente 10-18, ma variabili a seconda della stagione; chiuso in inverno. Per la grotta è necessario prenotare | Un suggerimento Nel duomo di San Lorenzo vale la pena vedere il monumento funebre a Marinella Rufolo, realizzato nel XIV secolo in stile gotico da un allievo di Tino di Camaino.

83 Ruderi di Sant'Eustachio

Testimonianza di antiche ricchezze

Oggi è poco più di un rudere che svetta austero e ben visibile da lontano sulla collina di fronte a Ravello, oltre la Valle del Dragone (vedi n. 82). La storia di questa chiesa è legata a filo doppio con quella del ducato di Amalfi. Fu infatti costruita nel XII secolo dalla famiglia amalfitana dei d'Afflitto, arricchitasi grazie alla produzione di lana e ai potenti rapporti commerciali con vari porti del Mediterraneo.

I d'Afflitto si ritenevano discendenti del santo romano Eustachio, motivo per cui nel loro stemma figuravano i simboli del suo martirio: il cervo e la croce. Per onorare questo legame decisero quindi di far edificare una chiesa proprio di fronte alla loro abitazione, una lussuosa casa-torre che sorgeva tra le attuali frazioni di Pontone e Minuta, sulla collina di Scala affacciata sul mare. Per la basilica scelsero una posizione spettacolare, sul colle che domina da una parte il Vallone Canneto e Amalfi, e dall'altra la Valle del Dragone con Atrani e Ravello. Per costruirla fecero trasportare da vari punti del Mediterraneo colonne e capitelli romani, che usarono per suddividere le navate. Alcune di queste colonne sono tuttora visibili all'interno dell'edificio ormai privo di copertura. La chiesa, come tutte quelle di epoca medievale, è orientata verso est, e nella parte sottostante custodisce una cripta.

Molto belle sono le pareti esterne delle absidi, imponenti, decorate con eleganti tarsie intrecciate e archi ispirati allo stile moresco. Attirano l'attenzione già da lontano, invitando alla visita, e raccontano ancora oggi la potenza della famiglia che fece costruire la basilica, oltre a testimoniare lo splendore che raggiunse ai tempi del ducato di Amalfi, così come la sua caduta e il conseguente abbandono di questo luogo. Che però è magico anche in quanto rudere, per l'atmosfera che vi si respira e per l'ampio panorama circostante.

Il sito viene utilizzato, tra l'altro, per eventi, matrimoni, spettacoli e come set di servizi fotografici. Si trova nella frazione di Pontone ed è facilmente raggiungibile.

Indirizzo Via Sant'Eustachio, 84010 – Pontone di Scala (SA), basilicadisanteustachio.com | Come arrivare Pontone di Scala si raggiunge coi bus della compagnia Sita | Orari Sab e dom 9-15. Su prenotazione, tel. 338.5605550 | Un suggerimento Nei pressi della chiesa, il Ristorante Antico Borgo propone una cucina locale rivisitata, con un bel panorama (via Noce 4, tel. 334.7486611).

84 Torre dello Ziro

Storia e natura affacciate sulla Costiera

Su un alto sperone roccioso di fronte a Ravello, la Torre dello Ziro faceva parte di una fortificazione del XII secolo e rientrava tra le strutture difensive del ducato di Amalfi. Ancora oggi è un elemento distintivo della città, visto che la domina dall'alto della rupe calcarea, proprio sopra il loggiato del cimitero monumentale (vedi n. 12).

Il nome deriva probabilmente dalla forma cilindrica che ricorda quella di uno *ziro*, termine napoletano di derivazione araba che indica il classico vaso o la tinozza in terracotta usati anticamente. La torre ricade nel territorio di Pontone di Scala, ed è anche raffigurata nel suo stemma. Fonti storiche dimostrano che la struttura rimase in attività almeno fino agli inizi del Settecento, poi cadde in rovina per un paio di secoli, fino al recupero avvenuto nei primi anni Duemila.

Per la sua forma e la spettacolare posizione, nel corso degli anni la torre ha conquistato vari artisti che hanno soggiornato in questi luoghi, tra cui il famoso compositore tedesco Richard Wagner durante un viaggio a Ravello nel 1880.

L'edificio è composto da tre piani, il più basso dei quali fu a lungo utilizzato alternativamente come cisterna o come prigione. Nella torre fu rinchiusa Giovanna d'Aragona, duchessa di Amalfi, detta "la pazza". Vedova del duca Alfonso Piccolomini, fu qui giustiziata nel 1510 insieme ai tre figli per aver contratto un matrimonio morganatico col segretario di corte. La sua storia ispirò molti autori teatrali tra cui John Webster e Félix Lope de Vega.

La torre si raggiunge da Pontone partendo da via Pisacane e percorrendo un sentiero non breve ma privo di difficoltà. Si cammina piacevolmente nella macchia mediterranea fino alle mura del fortilizio che include la torre. Magnifica la veduta su Amalfi a destra, Atrani a sinistra e Ravello di fronte, oltre la Valle del Dragone. Il luogo è molto frequentato anche dagli appassionati di arrampicata sportiva grazie alle numerose vie attrezzate sullo strapiombo immediatamente sotto la torre.

Indirizzo Accesso da via Pisacane, 84010 – Pontone di Scala (SA) | Come arrivare Pontone si raggiunge coi bus della compagnia Sita | Orari Luogo all'aperto | Un suggerimento Prima di giungere alla torre si passa per un belvedere dal quale si diparte un sentiero in ripida discesa che conduce fino al mare.

85 Valle delle Ferriere

Tra cascate e piante tropicali

Alla base del successo della famosa carta di Amalfi c'è la grande disponibilità d'acqua del suo territorio, indispensabile per fornire energia idraulica alle storiche cartiere (vedi n. 10). Quest'acqua proviene dal torrente Canneto, che ha inciso una profonda valle proprio a monte di Amalfi nelle rocce calcareo-dolomitiche del periodo Giurassico. La Valle delle Ferriere è così chiamata perché qui erano in funzione anche alcune ferriere, i cui ruderi sono tuttora visibili accanto al torrente. Ci si arriva dal centro di Amalfi risalendo la valle per il sentiero CAI n. 325; oppure con una bellissima escursione della durata di circa tre ore che parte da Pontone, piccola frazione di Scala, seguendo in discesa il sentiero CAI n. 323A che si inoltra nella riserva naturale orientata Valle delle Ferriere.

La valle è ombrosa e fresca anche in piena estate. Il torrente scorre placido saltellando tra le rocce, e sulla destra è alimentato da un affluente che forma una spettacolare cascata ricca di muschi e travertino in formazione. L'umidità del luogo favorisce la crescita di numerose specie di felci, come la *Pteris cretica* o felce a nastro, e la *Pteris vittata*, dalle lunghe foglie, solitamente diffusa negli ambienti tropicali. Ma soprattutto qui sopravvive la *Woodwardia radicans*, una felce relitta delle ere preglaciali che si trova anche nel Vallone Porto di Positano (vedi n. 66). Un occhio attento, inoltre, saprà individuare alcuni esemplari di *Pinguicula hirtiflora*, una piccola pianta carnivora le cui foglie sono munite di ghiandole appiccicose capaci di catturare e digerire piccoli insetti. Passando alla fauna, è piuttosto facile avvistare la salamandrina dagli occhiali, un piccolo anfibio assai schivo tipico di ambienti come questo.

Procedendo tra gli orti e i pergolati dei limoneti, il sentiero 323A conduce in breve nel centro di Amalfi. Questo itinerario fa parte del sentiero n. 6 "Giustino Fortunato", che collega Agerola a Cava de' Tirreni ed è dedicato al celebre studioso meridionalista che tanto amava queste montagne.

Indirizzo Riserva naturale orientata Valle delle Ferriere, via Valle delle Ferriere, 84010 – Pontone di Scala (SA), , www.lavalledelleferriere.com, info@lavalledelleferriere.com, tel. 338.5605550 | Come arrivare Pontone si raggiunge coi bus della compagnia Sita | Orari Solo visite guidate su prenotazione | Un suggerimento Sul sito del Comune di Scala sono disponibili le mappe di altre belle escursioni nei dintorni, nell'ambito del progetto Terrae Antiquae (www.comune.scala.sa.it).

86 Bagni della Regina Giovanna

Archeologia e mare

Capo di Sorrento è il punto più prominente della Penisola Sorrentina e delimita a nord l'area marina protetta di Punta Campanella (vedi n. 50). Il promontorio si allunga nel Golfo di Napoli seguendo le geometrie dettate dalle faglie che in epoche geologiche relativamente recenti hanno determinato la morfologia di tutta l'area. Il capo termina con una bellissima scogliera e una piscina naturale collegata al mare da un arco di roccia. È un posto da sogno. E infatti qui nel I secolo a.C. fu costruita una splendida villa per l'*otium*, una residenza di villeggiatura probabilmente appartenuta al ricchissimo Pollio Felice.

Della villa sopravvivono pochi ruderi, quanto basta per rendersi conto della sua estensione – circa 30.000 metri quadrati – e spettacolarità: da qui la vista spazia su tutto il golfo, dal Vesuvio all'isola di Capri. Sono visibili, in particolare, alcuni ambienti coperti, con le volte ancora integre, e vari passaggi che collegavano le diverse zone intorno alla piscina naturale. E poi resti di cisterne, terrazzamenti, scampoli di pavimenti. Numerosi reperti e sculture provenienti da questa e altre ville dei dintorni sono esposti nel Museo Georges Vallet a Villa Fondi, a Piano di Sorrento (vedi n. 60), dove si trova anche uno splendido plastico che ne mostra una fedele ricostruzione.

Il nome di questo posto è legato alla sua frequentazione da parte di Giovanna II d'Angiò, regina di Napoli, che nel XV secolo veniva appunto a bagnarsi e a trascorrere momenti piacevoli nella favolosa piscina naturale. Il luogo è oggi frequentato dagli amanti del mare e delle calette rocciose. In piena estate può essere piuttosto affollato, ma negli altri mesi c'è solitamente meno gente, anche per via dell'avvicinamento che richiede una decina di minuti a piedi per una stradina che scende tra gradini e uliveti, con conseguente ritorno in salita. A fine primavera, specialmente nei giorni infrasettimanali, qui il silenzio è rotto solo dallo sciabordio delle onde sugli scogli.

Indirizzo Traversa Punta Capo, 80067 – Sorrento (NA) | Come arrivare Il punto di partenza della stradina che conduce ai Bagni della Regina Giovanna si raggiunge coi bus della compagnia Sita, fermata Sorrento Capo. Nei pressi della fermata ci sono un parcheggio privato, un bar e un negozio di alimentari | Orari Luogo all'aperto | Un suggerimento Poco prima di giungere al mare, a sinistra si diparte un sentiero che attraversa un uliveto e conduce alla Solara, un'altra scogliera molto suggestiva fatta di strati piatti di roccia calcarea, e assai meno frequentata.

87_La balena di Sant'Antonino

Miracolo della natura

La fama di Sorrento risale a ben prima che il turismo la scoprisse come meta di villeggiatura. Certo, la sua posizione e il suo clima hanno aiutato: la città si affaccia sul Golfo di Napoli dall'alto costone tufaceo che caratterizza la parte nord dei Monti Lattari, e per questo fu una meta ambita di molti viaggiatori del passato. Ma la fortuna della città è legata soprattutto ai suoi cantieri navali e in generale al mare, un legame che si ritrova anche nei simboli e nei riferimenti religiosi. Se ne ha una riprova nella chiesa di Sant'Antonino, proprio in centro città. La chiesa risale all'XI secolo ma oggi ha un aspetto barocco, specialmente all'interno. È dedicata al santo protettore di Sorrento, un eremita benedettino del VI-VII secolo che insieme a Catello, vescovo di Stabia, si insediò in un eremo sul Monte Faito.

Una breve gradinata conduce nella cripta. Qui, oltre alle spoglie di sant'Antonino, sono custoditi centinaia di ex voto lasciati dai fedeli nel corso dei secoli. Sono oggetti in argento, piccole sculture, dediche, quadretti a tema marinaro. La maggior parte si riferisce a miracoli o grazie ricevute durante o in seguito a incidenti in mare, naufragi, tempeste e pericoli scampati da pescatori e marinai. I miracoli di questo santo sono infatti sovente associati al mare, come si evince anche dai numerosi affreschi nella chiesa.

Ma il pezzo forte, per così dire, si trova all'esterno. Qui, sotto il porticato della chiesa, è conservata la costola di un grande cetaceo, una balena che secondo la leggenda avrebbe inghiottito un bambino, salvato poi grazie all'intervento del santo. Molto probabilmente si tratta dell'osso di una balena spiaggiata nei pressi della città. Un episodio simile è avvenuto anche nel gennaio del 2021, quando una balena di quasi 20 metri è stata trovata morta proprio davanti al porto di Marina Piccola. Si trattò di uno tra i più grandi esemplari di cetacei mai rinvenuti nel Mediterraneo.

Indirizzo Piazza Sant'Antonino, 80067 – Sorrento (NA), tel. 081.8781437 | Come arrivare Sorrento si raggiunge coi treni della Circumvesuviana, coi bus della compagnia Sita e con vari traghetti da Napoli | Orari Tutti i giorni 7-18 | Un suggerimento Non lontano dalla chiesa, il Grand Hotel Vittoria, fondato nel 1884, è celebre per aver ospitato grandi personaggi, da Otto von Bismarck a Enrico Caruso. Spettacolare affaccio sul mare (piazza Torquato Tasso 34, www.excelsiorvittoria.com, tel. 081.8777111).

88_Chiostro di San Francesco

Un tranquillo viaggio nel tempo

Questo chiostro fa parte dell'antico convento di San Francesco, edificato nel Trecento sul costone tufaceo che affaccia sul mare. Qui già nel VII secolo esisteva un oratorio fondato dall'abate Antonino, oggi patrono di Sorrento.

Il chiostro è solitamente un luogo di pace e frescura, specialmente nel periodo estivo, quando le strade di Sorrento sono prese d'assalto dai turisti. Vale la pena venirci, quindi, non fosse altro che per trascorrere qualche minuto in un bel posto verdeggiante e con alcune viti secolari. Naturalmente, per respirare l'atmosfera claustrale del luogo è decisamente meglio scegliere la bassa stagione.

In questa architettura si legge una stratificazione di stili che abbraccia tre secoli, dal Trecento al Cinquecento. Il chiostro è delimitato da pilastri ottagonali in pietra vulcanica che reggono archi a tutto sesto e altri archi ogivali intrecciati tra loro, a formare bifore quasi arabeggianti. Le diverse altezze dei pilastri creano un andamento dinamico capace di armonizzare l'intera struttura. I capitelli sul lato orientale, cioè quello da cui si entra, recano motivi vegetali che ricordano l'arte bizantina, mentre quelli sul lato settentrionale, ovvero sulla sinistra, riportano lo stemma di una famiglia sorrentina. Il refettorio è trecentesco.

Nel chiostro si tengono spesso concerti e spettacoli teatrali, e al suo interno vengono allestite mostre di pittori, scultori e fotografi locali. Al piano superiore si possono visitare esposizioni spesso dedicate all'intarsio sorrentino, un'antica tradizione artistica della città (vedi nn. 90, 92), mentre altri locali ospitano una succursale del liceo artistico di Sorrento.

L'adiacente chiesa è molto ambita per i matrimoni, evidentemente anche per l'opportunità fotografica offerta dalla presenza del chiostro (oltre che dalla Villa Comunale, un curato giardino che si trova proprio accanto). Spettacolare, come sempre da queste parti, l'affaccio sul mare dalla balaustra.

Indirizzo Via San Francesco 12, 80067 – Sorrento (NA) | **Come arrivare** Sorrento si raggiunge coi treni della Circumvesuviana, coi bus della compagnia Sita e con vari traghetti da Napoli | **Orari** Generalmente aperto 7-19 | **Un suggerimento** Dai giardini della Villa Comunale una scalinata permette di scendere fino al porto di Marina Piccola, raggiungibile anche percorrendo la stretta via Luigi de Maio, realizzata sfruttando un profondo vallone nel costone tufaceo.

89 Le delizie di Limonoro

Santuario di limoncello e cioccolata

"Una delle bellezze di Sorrento sono i giardini di agrumi cinti da mura". Così scriveva Guido Piovene nel suo splendido libro *Viaggio in Italia* (1957), nato da una trasmissione radiofonica di successo. "Passeggiando per la città si scorgono i rami carichi di arance e di limoni sormontare i muri di sasso. Sorrento ha una facciata aperta sul mare, ma l'interno è segreto".

Oggi questa città è meno segreta di un tempo, ma i limoneti sono ovunque e spesso sono ancora cinti da alti muri che lasciano intravedere solo le fronde. Il limone che viene coltivato qui si chiama, tecnicamente, Ovale di Sorrento. Nel 2001 ha ottenuto la denominazione IGP per le sue caratteristiche peculiari di serbevolezza e aroma, associate alla tipicità della coltivazione coi pergolati. Tra le tante prelibatezze che si ottengono da questi limoni, ai primi posti c'è il celebre limoncello, la cui fama ha ormai varcato i confini nazionali.

Nel centro storico di Sorrento si scopre Limonoro, un laboratorio artigianale specializzato nella produzione di limoncello di qualità. Il progetto è nato nel 2015 per iniziativa di tre fratelli: Ignazio, Anna e Ciro D'Esposito, eredi di una famiglia di storici ristoratori. Nel loro laboratorio la lavorazione è a vista, dalla pelatura dei limoni, rigorosamente fatta a mano, fino all'imbottigliamento. Negli ultimi anni la produzione si è allargata e comprende anche biscotti ripieni di crema al limone, gocce di limoncello e melone, speciali confetti al limone e poi le classiche scorze di arancia e di limone candite e ricoperte di cioccolato. Ma qui si possono trovare anche ottimo cioccolato, creme spalmabili, miele, olio extravergine d'oliva e varie miscele di caffè di produttori selezionati.

Limonoro ha anche un negozio ad Amalfi. E fuori dalla Costiera si trovano punti vendita a Capri, Venezia, Taormina e in vari centri della Toscana. Il laboratorio di Sorrento però è speciale, perché è il luogo dove tutto è nato. E anche perché è impreziosito da alcune opere dell'artista Mary Cinque (vedi n. 1).

Indirizzo Via San Cesareo 49, 80067 – Sorrento (NA), www.ninoandfriends.it, tel. 081.8785348 | Come arrivare Sorrento si raggiunge coi treni della Circumvesuviana, coi bus della compagnia Sita e con vari traghetti da Napoli | Orari Tutti i giorni 9-22 | Un suggerimento Da una balaustra su viale Enrico Caruso, adiacente a piazza Tasso, ci si può affacciare sul Vallone dei Mulini, in fondo al quale fino agli inizi del Novecento erano in funzione un mulino, una segheria e un lavatoio.

90_Gli intarsi Stinga

Dove rivivono capolavori in legno

Tra le varie botteghe dedite all'intarsio sorrentino, quella dei fratelli Stinga si distingue per una produzione contemporanea ispirata alla tradizione, e per la creazione di nuovi disegni originali. Franco e Roberto sono la terza generazione di intarsiatori della famiglia, che avviò questa lavorazione nel 1947, quando il papà Aniello e lo zio Andrea Stinga già lavoravano nella bottega del nonno.

I due fratelli hanno iniziato ad apprendere quest'arte da bambini, negli anni Sessanta. Nel tempo hanno recuperato e custodiscono con cura antichi modelli di disegni risalenti all'Ottocento e oggi li riproducono mediante una tecnica completamente manuale. In questo modo, con meticolosa dedizione, possono creare pezzi unici che si rifanno allo stile tipicamente sorrentino. Parallelamente, i fratelli Stinga sono alla costante ricerca di nuove ispirazioni, e dalle loro abili mani nascono anche disegni nuovi e originali. Questo gli ha permesso in anni recenti di produrre pezzi per importanti firme riconosciute a livello mondiale, come ad esempio gli intarsi in radica e acero per la famosa borsa Baguette di Fendi.

Nella bottega è possibile vedere gli intarsiatori al lavoro sulla classica *scannella*, uno speciale sgabello dotato di strumenti antichi ancora perfettamente efficienti, utilizzati con una manualità sorprendente frutto della lunga esperienza. Le sottili strisce di legno utilizzate per creare le decorazioni vengono intagliate e assemblate tra loro con pazienza e abilità, dando vita a geometrie eleganti e armoniche. Gli intarsi vengono poi lucidati e preparati per la presentazione, in modo da risultare lustri ed elegantissimi.

Oltre agli intarsi, in questa bottega si possono trovare ceramiche artistiche e altri oggetti preziosi di varie dimensioni, come carillon fatti a mano, scatole portagioie o portacarte, e cornici splendidamente intarsiate. I fratelli Stinga operano una selezione molto accurata, permettendo a chiunque di trovare un pezzo di Sorrento racchiuso in un oggetto d'arte. E di portarselo a casa, o farselo spedire.

Indirizzo Via Luigi de Maio 16, 80067 – Sorrento (NA), www.stingatarsia.com, info@stingatarsia.com, tel. 081.8781165 | Come arrivare Sorrento si raggiunge coi treni della Circumvesuviana, coi bus della compagnia Sita e con vari traghetti da Napoli | Orari Tutti i giorni 9:30-21:30 | Un suggerimento In una tranquilla traversa quasi di fronte al negozio, il raffinato Ristorante Museo Caruso è interamente dedicato alla figura del celebre tenore (via Sant'Antonino 12, www.ristorantemuseocaruso.com, tel. 081.8073156).

91 Museo Correale di Terranova

Patrimonio artistico della Penisola

Sorrento. Il solo nome evoca immagini romantiche e mediterranee, reminiscenze del periodo del Grand Tour, quando letterati e artisti percorrevano l'Italia in cerca di ispirazione e suggestioni del passato. Un'atmosfera che si ritrova visitando questo museo allestito negli ambienti di Villa alla Rota, lussuosa residenza appartenuta alla famiglia Correale e resa pubblica per volontà degli ultimi eredi, il conte Alfredo e suo fratello Pompeo. Raffinati collezionisti d'arte, i due accumularono antichi mobili, quadri preziosi e porcellane di Capodimonte che impreziosirono le dimore nobiliari napoletane in un lungo periodo compreso tra il XV e il XIX secolo. E disposero che alla loro morte la villa di famiglia divenisse un museo a loro intitolato.

Il Museo Correale di Terranova fu inaugurato nel 1924 e oggi si articola su cinque piani. Il seminterrato ospita una sezione archeologica con reperti provenienti da tutta la Penisola Sorrentina. La biblioteca, fondata nel 1918, raccoglie volumi sul Regno di Napoli, antichi testi di botanica, scienze e arte, spesso meravigliosamente illustrati, insieme a edizioni e opere di Torquato Tasso, scrittore e intellettuale sorrentino.

Uno scalone d'onore sale al piano nobiliare, che comprende arredi in stile Luigi XV e una stanza delle meraviglie, con dipinti del Seicento e Settecento del manierismo napoletano, di autori come Artemisia Gentileschi, Giovanni Lanfranco e Luca Giordano. Tra arredi e porcellane, quadri di genere sacro e nature morte, si giunge fino alla pittura fiamminga del periodo che va dal XVI al XVIII secolo. Un livello è dedicato alle mostre temporanee, mentre ai piani superiori sono esposte splendide porcellane europee, e una ricca collezione di pastori napoletani del Settecento. Molto belli anche i giardini con le aiuole alternate a reperti archeologici, un boschetto di camelie e un'araucaria pluricentenaria. Un viale ombreggiato da grandi platani conduce alla Terrazza Belvedere, che offre una sublime vista sul Golfo di Napoli.

Indirizzo Via Correale 50, 80067 – Sorrento (NA), www.museocorreale.it, info@museocorreale.it, tel. 081.8781846 | Come arrivare Sorrento si raggiunge coi treni della Circumvesuviana, coi bus della compagnia Sita e con vari traghetti da Napoli. Nei pressi del museo c'è il parcheggio comunale Achille Lauro | Orari Mar-sab 9-18, dom e festivi fino alle 13, lun chiuso | Un suggerimento Accanto al museo, il vivaio Sorrento Lemon Farm, gestito dalla famiglia Ruoppo, ha una ricca selezione di piante, tra cui ovviamente splendidi limoni di Sorrento (via Bernardino Rota 2, www.sorrentolemonfarm.com, tel. 081.8773219, WhatsApp 339.4771601).

92_Museo della Tarsia

Un'antica arte sorrentina

Tra le lavorazioni artigianali tipiche di Sorrento, quella dell'intarsio ligneo è forse la più antica e pregiata. Quest'arte, praticata fin dal VI e VII secolo nei monasteri benedettini, raggiunse il massimo splendore a Sorrento nel corso dell'Ottocento. Oggi in città lavorano diversi artigiani (vedi n. 90) ed è attivo un istituto superiore dedicato anche a questa nobile arte.

A raccontare la storia dell'intarsio è il Museo Bottega della Tarsia Lignea (MUTA), allestito in un bel palazzo del Settecento proprio nel centro storico. Il palazzo è già di per sé molto interessante. Un sapiente restauro ne ha evidenziato la struttura mettendo in risalto la presenza di antiche scale a chiocciola e altre interessanti soluzioni architettoniche. Notevoli sono i soffitti affrescati o rivestiti con carta dipinta a mano.

Il percorso di visita si articola su tre piani e, attraverso lavori realizzati da varie botteghe (fino a quelle sorrentine), permette di fare un viaggio affascinante nei temi decorativi, nel design e negli stili dell'intarsio italiano. Ma si possono osservare anche i macchinari, i materiali e le tecniche utilizzate dai maestri.

Nelle sale del museo si scoprono splendidi esempi di oggetti intarsiati, risalenti soprattutto all'Ottocento sorrentino, come mobili antichi e intere camere da letto. Ma anche strumenti musicali, in particolare mandolini, e le famose scatole intarsiate di Sorrento. Libri pregiati, fotografie originali, stampe e cartografie d'epoca del Regno di Napoli testimoniano i costumi, il paesaggio e i viaggiatori che arrivavano a Sorrento in quel periodo. Completa la visita una ricca collezione di oggetti moderni e contemporanei, produzioni recenti delle botteghe sorrentine, a dimostrazione di come quest'arte apprezzata in tutto il mondo sia ancora estremamente attuale.

Il Museo della Tarsia permette insomma di scoprire le radici dell'intarsio e di comprendere le ragioni che nel periodo del Grand Tour portarono a Sorrento così tanti intellettuali e artisti amanti del bello.

Indirizzo Via San Nicola 28, 80067 – Sorrento (NA), www.museomuta.it, info@museomuta.it, tel. 081.8771942 | Come arrivare Sorrento si raggiunge coi treni della Circumvesuviana, coi bus della compagnia Sita e con vari traghetti da Napoli | Orari Novembre-marzo: tutti i giorni 10-17:30; aprile-ottobre: tutti i giorni 10-18:30 | Un suggerimento La famiglia Gargiulo da tre generazioni produce a mano gli storici cofanetti intarsiati sorrentini (Gargiulo Inlaid, via Fuoro 33, www.gargiuloinlaid.it, info@gargiuloinlaid.it, tel. 081.8782420, 338.7045701).

93 I sandali Siniscalchi

Calzature con una storia

La tradizione dei sandali artigianali è ancora viva a Sorrento, anzi negli ultimi anni questo prodotto sta conoscendo una grande fortuna. In città diversi laboratori producono calzature di elevata qualità, tuttora realizzate a mano.

È il caso di Siniscalchi, una ditta dalla lunga storia famigliare. Fu avviata nel 1950 da Salvatore Siniscalchi, un calzolaio sorrentino che possedeva una piccola bottega proprio nel centro antico. La qualità dei pellami e la cura nella lavorazione fecero crescere rapidamente la produzione, e all'inizio degli anni Novanta il figlio Giuseppe strutturò l'attività in una vera e propria azienda, ammodernando l'impianto e portando i sandali sorrentini anche oltreoceano.

Alcuni decenni dopo, qui i sandali tradizionali vengono ancora prodotti a mano con cura e passione. Basta andare a controllare di persona al civico 96 di via San Cesareo. Percorrendo questa stradina brulicante di turisti, nelle vicinanze di Sedil Dominova (vedi n. 95) e della fontana dello Schizzariello, si giunge a uno slargo. Nel caos di localini e negozi di souvenir, il piccolo laboratorio passa quasi inosservato. Dalla porta si sente ogni giorno il picchiettare del martelletto sul cuoio delle suole, o il frullo della cucitrice elettrica azionata a mano: molto probabilmente si tratta di Giuseppe Siniscalchi, oppure di sua madre o suo figlio, chini a modellare un sandalo o a rifinirlo con l'aggiunta delle decorazioni. Lo spazio è angusto e zeppo di strumenti, fotografie d'epoca e ritagli di pelle; le pareti completamente ricoperte di sandali in esposizione.

Naturalmente, questo non è l'unico posto dove si possono vedere e scegliere le calzature. Poco più avanti, al civico 83, c'è un punto vendita molto più grande. E un terzo si trova al numero 182 di corso Italia, la vetrina bella della città. Questo negozio, scintillante e moderno, rappresenta la naturale evoluzione di un'attività di famiglia che, nata nella piccola bottega di un calzolaio, si è fatta conoscere nel mondo intero.

Indirizzo Via San Cesareo 96, 80067 – Sorrento (NA), www.sandalisiniscalchi.com, info@sandalisiniscalchi.com, tel. 081.8771515, 081.8783065 | Come arrivare Sorrento si raggiunge coi treni della Circumvesuviana, coi bus della compagnia Sita e con vari traghetti da Napoli | Orari Tutti i giorni 9-18 | Un suggerimento Nei pressi della stazione ferroviaria, in piazza Giovanni Battista de Curtis, sul lato di via Marziale, l'artista Jorit ha realizzato nel 2022 un dipinto murale che ritrae Lucio Dalla, cittadino onorario di Sorrento.

94 Le sculture di Marcello Aversa

Tesori di terracotta in miniatura

È un vero studio d'arte quello di Marcello Aversa, nascosto nelle strette stradine del centro storico di Sorrento. Qui nascono sculture in terracotta originali ispirate alle tradizioni locali e campane.

Erede di una famiglia che si è sempre dedicata alla lavorazione della terracotta, negli anni Ottanta Marcello ha sviluppato la sua passione per il presepe napoletano. Dopo le prime creazioni con materiali tradizionali come legno e sughero, ha affinato una tecnica personale con cui dà vita ad autentici capolavori. Presepi di sua realizzazione sono stati esposti in importanti mostre d'arte e hanno ottenuto numerosi riconoscimenti anche a livello nazionale.

La tecnica del maestro Aversa fa uso di una piccola stecca e di uno spillo per modellare personaggi in argilla minuscoli – anche di appena 8 millimetri – che vengono poi inseriti su uno *scoglio* a formare un unico presepe in miniatura, e cotti in forno a 920 °C. Alcuni di questi presepi sono così piccoli che entrano nel palmo di una mano: se ci si avvicina e li si osserva con cura, però, si ritroveranno tutti i dettagli classici, riprodotti con incredibile perizia.

A queste opere inedite e originali il maestro ha affiancato nel tempo anche altre creazioni. Ne sono un esempio le scene del Vangelo e i quadri raffiguranti riti e tradizioni locali. Le tappe della Via Crucis, ad esempio, si ispirano alle storiche processioni che si svolgono a Sorrento nella Settimana Santa, con le confraternite che sfilano incappucciate nei lunghi abiti rossi, bianchi o neri. La vita, la passione e la morte di Cristo rivivono in questi mirabili quadri in terracotta. Bellissimi anche gli alberi della vita, composizioni ricchissime di dettagli, figure umane e animali, motivi vegetali lussureggianti e simboli della vita e della morte. Ovviamente lavorati a mano, anzi in punta di dita. Un risultato che si può ottenere solo con anni di specializzazione, e tanto amore per l'arte.

Indirizzo Via Sersale 3, 80067 – Sorrento (NA), www.marcelloaversa.com, marcello.aversa@libero.it, tel. 081.8771535 | Come arrivare Sorrento si raggiunge coi treni della Circumvesuviana, coi bus della compagnia Sita e con vari traghetti da Napoli | Orari 10-19 (variabili nel fine settimana) | Un suggerimento Lungo corso Italia, al civico 53, Villa Fiorentino – o Villa Fazzoletti, com'è chiamata dai locali – c'è un complesso di inizio Novecento oggi adibito a parco pubblico e spazio per eventi e concerti.

95 Sedil Dominova

Dove si riunivano i nobili

Le stradine del centro di Sorrento sono quasi sempre affollate di turisti in cerca di souvenir e accessori alla moda. Una di queste è via San Cesareo, coi suoi negozietti e localini sempre molto accorsati. All'angolo con via Reginaldo, alzando gli occhi dalla calca si nota un edificio antico.

Sedil Dominova è una grande loggia quadrangolare aperta su due lati, ciascuno affacciato su una delle due strade. Fu eretta intorno al XIII secolo da alcune famiglie nobiliari sorrentine che usavano riunirsi per discutere le faccende legate all'amministrazione della città.

Il nome dell'edificio racconta il motivo della sua fondazione: i nobili di Sorrento erano soliti incontrarsi già da un paio di secoli presso Sedile di Porta, un altro seggio nobiliare situato lungo la stessa strada ma nelle vicinanze dell'attuale piazza Tasso. Tuttavia, in seguito a disaccordi e contenziosi, alcune famiglie decisero di spostarsi in un luogo nuovo e fecero costruire questa loggia, chiamata appunto *Domus Nova*. Uno stemma in tufo nella parete, risalente al XIV secolo, riporta antichi simboli della città di Sorrento.

Molto raffinato è l'accostamento tra il grigio del tufo sorrentino della muratura e il colore delle *riggiole*, le classiche piastrelle in ceramica gialle e verdi che si ritrovano anche nelle dimore storiche della zona. Nel Settecento il porticato venne completamente affrescato con quinte prospettiche che diedero all'edificio l'aspetto colorato, elegante e quasi rinascimentale che mantiene tuttora. Negli affreschi si riconoscono vari stemmi di famiglie sorrentine.

Il sedile ha anche una sala interna, che veniva utilizzata per riunioni e assemblee private. Molti oggetti un tempo qui contenuti sono esposti al Museo Correale (vedi n. 91), e oggi questo ambiente ospita la Società Operaia di Mutuo Soccorso di Sorrento.

Gli occhi di Sorrento sono rivolti al mare, ma il suo cuore è qui, nelle strette stradine del centro, in questo luogo dove sono state prese importanti decisioni che hanno segnato il corso della sua storia.

Indirizzo Largo Padre Reginaldo Giuliani 62, 80067 – Sorrento (NA) | **Come arrivare** Sorrento si raggiunge coi treni della Circumvesuviana, coi bus della Sita e con vari traghetti da Napoli | **Orari** Solitamente aperto nelle ore diurne. Visibile anche dall'esterno | **Un suggerimento** Lo slargo davanti al sedile viene chiamato dai locali *'Miez 'o Schizzariell'*, per la vicinanza all'antica fontana dello Schizzariello. Ornata da due delfini scolpiti, è uno storico luogo di ritrovo popolare.

96_Le antiche viti di Tramonti

La Pompei dei vigneti

Nella parte alta dei Monti Lattari, in un entroterra che può ritenersi il cuore della Costiera, allignano vitigni storici come il Pepella, il Falanghina, il Piedirosso, e il Ginestra. E sopravvive un vitigno particolare. Il suo nome è Tintore e risale a un periodo precedente la famosa e tragica epidemia di fillossera che nell'Ottocento distrusse quasi tutti i vigneti d'Europa. Alcune di queste viti hanno più di trecento anni e i loro fusti raggiungono dimensioni che le fanno somigliare a veri e propri alberi.

Le viti ultracentenarie sopravvivono su terreni argillosi ricchi di pomici e ceneri vulcaniche, in una valle accarezzata dal vento di tramontana e influenzata dalla presenza del mare, poco distante. Negli ultimi anni alcuni viticoltori si sono impegnati a recuperarle e valorizzarle. Tra loro ci sono Gaetano e Generoso Bove, Vincenzo D'Avino e Luigi Giordano, ovvero i fondatori della Tenuta San Francesco, a Tramonti: 14 ettari, 8 dei quali ospitano vigneti antichi, a quote comprese tra i 200 e i 400 metri.

Qui, insieme all'enologo irpino Carmine Valentino, producono vini di qualità la cui fama ha ben superato i confini regionali. Oltre all'Aglianico e al Piedirosso, coltivano per l'appunto il Tintore. Altri vigneti sono dedicati a Falanghina, Biancolella, Biancazita, Biancatenera, Pepella e Ginestra, dai quali si ottiene il vino Tramonti bianco. Altrove sono stati recuperati vigneti storici che giacevano abbandonati da tempo. Su tutti vengono utilizzate tecniche naturali non invasive e non dannose per l'ambiente, secondo un approccio etico finalizzato al rispetto e alla valorizzazione del territorio.

L'azienda ha sede in un'antica masseria. È possibile visitare la cantina e fare degustazioni, oltre che veri e propri tour alla scoperta delle particolarità di questi vitigni antichi. Inoltre, si possono assaggiare formaggi, salumi e altri prodotti locali e seguire lezioni di cucina.

Indirizzo Via Fieccia, 84010 – Tramonti (SA), www.vinitenutasanfrancesco.com, info@vinitenutasanfrancesco.com, tel. 089.876434, 089.856190, 335.6670854 | Come arrivare Tramonti si raggiunge coi bus della compagnia Sita | Orari Su appuntamento | Un suggerimento Nella frazione di Campinola, Il Giardino Segreto dell'Anima è un piccolo orto botanico privato ricco di piante e fiori. Visita su prenotazione (via Telese, tel. 347.8790007).

97 Gli affreschi di Massaquano

Splendore riscoperto

Sulla strada che da Vico Equense sale verso il Monte Faito, la frazione di Massaquano custodisce un vero tesoro. Nella trecentesca cappella di Santa Lucia è stato ritrovato un ciclo pittorico eccezionale: affreschi di scuola tardo-giottesca considerati tra i più significativi del gotico in Campania. Coperti da strati di intonaco in seguito ai vari rifacimenti della cappella nei secoli, all'inizio degli anni Novanta vennero rinvenuti dal parroco Antonio Guida e restaurati.

Il portale in tufo e il piccolo portone originale in legno annunciano un luogo speciale. Varcata la soglia, lo spettacolo è sorprendente: gli affreschi sono stati riportati al loro luminoso splendore, e la mancanza di alcune porzioni non impedisce di apprezzarne il valore. Dietro l'altare campeggia una raffigurazione della morte insieme a un'incoronazione della Vergine con numerosi personaggi sacri. La Vergine sul letto funebre è circondata dagli apostoli mentre Cristo, all'interno di una mandorla, ne accoglie l'anima con una schiera di angeli. A sinistra santa Caterina d'Alessandria con la ruota dentata, a destra santa Lucia con la lampada. I dipinti sulla parete sinistra della cappella risultano molto danneggiati, ma vi si riconoscono storie legate a santa Lucia. Quelli sulla parete destra sono invece ben conservati e raffigurano scene della Passione fino alla salita al Calvario e alla crocifissione. I festoni laterali ricordano quelli della cappella palatina di Castel Nuovo, cioè il Maschio Angioino, a Napoli.

A dicembre, per la festa di Santa Lucia è usanza locale distribuire nocciole benedette che simboleggiano le pupille della santa.

Nei pressi della cappella, il Palazzo Bartolomeo Intieri risale al XVIII secolo e ha un cortile interessante. Una lunga gradinata precede la chiesa parrocchiale di San Giovanni Battista, che conserva al suo interno una statua e una pala lignea del Quattrocento. Un bel tiglio secolare svetta accanto alla sagrestia.

Indirizzo Via Raffaele Bosco, 80060 – Massaquano di Vico Equense (NA) | Come arrivare Vico Equense si raggiunge coi treni della Circumvesuviana e coi bus della compagnia Sita, che salgono fino alla frazione di Massaquano. Nel porto di Seiano approdano alcuni aliscafi | Orari Visitabile a ridosso delle messe, che si tengono in estate alle 19 e in inverno alle 18. Oppure su appuntamento rivolgendosi al parroco don Salvatore Starace (tel. 339.2249906) e alla signora Anna Coppola (tel. 334.3642096) | Un suggerimento Il Caseificio Starace produce latticini tipici e un ottimo provolone stagionato in grotta di tufo (via Luigi Avellino 45, tel. 081.8799581).

98 Borgo di Montechiaro

Silenzio e un gran affaccio su Sorrento

Passato Vico Equense, la strada statale 145 Sorrentina supera il capo di Punta Scutolo e prosegue verso Meta offrendo magnifici affacci sulla Penisola. Poco prima, una stradina si stacca sulla sinistra e in meno di un chilometro sale a Montechiaro, la frazione più occidentale di Vico Equense. Qui vivono meno di cinquecento abitanti, perciò è un luogo assai tranquillo.

Sulla minuscola e solitaria piazzetta affaccia la chiesa parrocchiale dalla caratteristica colorazione rossa, ben visibile anche dalla costa perché risalta in mezzo al verde della vegetazione. Questo luogo è il regno del silenzio e dei gatti, ed è piacevole concedervisi una pausa per godere della maestosa vista su Meta e su tutta la costa di Sorrento fino quasi a Punta Campanella (vedi n. 50), con la cima del Monte Solaro di Capri che fa capolino oltre il Monte San Costanzo (vedi n. 49). Verso nord, nelle giornate limpide si scorge anche il profilo del Monte Epomeo, massima elevazione dell'isola di Ischia. Non è quindi un caso che questo luogo venga scelto di frequente per celebrare matrimoni.

Dalla piazzetta può valere la pena fare due passi tra le case del piccolo borgo, magari salendo fino a raggiungere il cimitero, in una zona di uliveti, orti e case diroccate – testimonianza di un tempo in cui la località era più popolata di oggi.

Alla frazione di Montechiaro si può arrivare a piedi percorrendo uno dei viottoli della rete delle Tredici Porte, itinerari rurali ideati dal Comune di Vico Equense per collegare tra loro i vari *casali*, come sono chiamate le frazioni di questa zona, e per connetterli al mare. La salita da Seiano fino a Montechiaro non è molto faticosa e può essere portata a termine in circa un'ora di cammino senza fretta.

In alternativa, si può salire fin qui coi bus di linea e scendere a piedi. Se invece si ha voglia di proseguire l'escursione, da Montechiaro si raggiunge il casale Alberi, con un bel panorama, e poi da qui si scende a Meta, nuovamente lungo la statale 145.

Indirizzo 80069 – Montechiaro di Vico Equense (NA) | Come arrivare Vico Equense si raggiunge coi treni della Circumvesuviana e coi bus della compagnia Sita, che arrivano fino al borgo di Montechiaro. Al porto di Seiano approdano alcuni aliscafi | Orari Luogo all'aperto | Un suggerimento Proprio nella frazione, il Ristorante La Madonnina offre sia un bel panorama sia una buona cucina locale (via della Porta Giovanni Battista 13, tel. 081.8028144).

99_Chiesa della Santissima Annunziata

Gioiello con vista sul Vesuvio

Affacciata su uno sperone roccioso, la cattedrale di Vico Equense è una delle chiese più suggestive della penisola. Sicuramente per la posizione – con una vista magnifica sul Golfo di Napoli e il Vesuvio a fare da quinta – che la colloca tra i luoghi più fotografati della Costiera. Ma anche perché è uno dei pochi esempi di architettura gotica della zona. Fu costruita nel Trecento in cima al costone roccioso, a 90 metri d'altezza, per tenerla al riparo dalle frequenti incursioni provenienti dal mare. La precedente chiesa, infatti, che si trovava in basso alla marina di Seiano, era stata oggetto di assalti dei pirati.

La facciata reca l'impronta del rifacimento di tardo Settecento, con lesene e stucchi di colore rosa che si intonano col paesaggio circostante, e un massiccio campanile merlato. Ma è all'interno che, grazie ai vari interventi di restauro eseguiti nell'ultimo secolo, si scopre la vera natura dell'edificio originario. La struttura gotica si legge particolarmente bene nell'abside: sotto gli intonaci emergono gli elementi in muratura del XIV secolo.

Passando per il fornice alla base del campanile si accede al centro storico della città, dove passeggiando tra i vicoletti si scopre l'impianto ippodameo di epoca romana, organizzato intorno alla classica struttura a cardi e decumani. Qui si può camminare in tranquillità, lontani dalle trasformazioni che hanno mutato il volto di altri centri della costa, come ad esempio Sorrento. Le stradine di Vico Equense sono punteggiate anche di testimonianze dei periodi successivi, tra cui portali e finestre di epoca angioina, aragonese e vicereale.

A pochi passi dalla chiesa si trova il Castello Giusso (XIII secolo), oggi privato. È possibile solo gettare un'occhiata nell'ampio cortile centrale, per poi tornare al punto panoramico chiamato Villetta Paradiso, da cui si gode della miglior vista sulla chiesa e sul golfo. Impossibile resistere alla tentazione di scattare una foto.

Indirizzo Via Vescovado, 80069 – Vico Equense (NA) | **Come arrivare** Vico Equense si raggiunge comodamente coi treni della Circumvesuviana e coi bus della compagnia Sita | **Orari** Tutti i giorni, di mattina | **Un suggerimento** Al civico 98 di corso Filangieri, l'Antiquarium Silio Italico custodisce reperti dal VII al IV secolo a.C. (vasi attici, corinzi e ionici, bronzi etruschi e campani) da varie necropoli del territorio comunale (tel. 081.8019220, visita su prenotazione).

100 La cima del Monte Molare

Uno dei panorami più belli d'Italia

Le due costiere dei Monti Lattari sono celebri per le vedute sul mare, coi paesi aggrappati ai costoni rocciosi, le calette e i porticcioli. Ma ci sono anche panorami più autenticamente montani, e forse il più spettacolare è quello che si ammira dai 1.444 metri del pizzo San Michele, chiamato anche Monte Molare per via della sua forma.

Da Vico Equense una strada di montagna attraversa varie frazioni e in 16 chilometri sale fino al piazzale dei Capi, dove si trova un bar già di per sé assai panoramico. Nei pressi c'è la stazione superiore della funivia che parte da Castellammare di Stabia (vedi n. 21). Dal piazzale si segue un sentiero marcato coi segnavia bianco-rossi del CAI e in un paio d'ore, intorno ai 1.200 metri di quota e senza grandi dislivelli, si raggiunge il santuario di San Michele. Poco più giù si trova un vecchio piazzale di cava: è raggiungibile anche in automobile, qualora si intenda cominciare l'escursione da qui. Dalla sinistra del piazzale, il percorso prosegue inizialmente in discesa per poi dirigersi verso la cima del Monte Molare.

Il sentiero incontra vari bivi e incrocia l'Alta Via dei Lattari (vedi n. 108) ma è molto ben segnato, e procedendo in un fitto bosco di faggi secolari, è ombreggiato quasi fino alla fine. Poco prima della cima bisogna prestare attenzione ad alcuni passaggi esposti su ripidi canaloni. In tutto, dal piazzale di cava alla cima è necessaria circa un'ora, solo per l'andata. Dalla vetta si vedono tutti i Monti Lattari allungati verso ovest fino all'estrema propaggine di Monte San Costanzo, con l'isola di Capri sullo sfondo. Nelle giornate limpide lo sguardo si spinge fino all'isola di Ponza e sono visibili i principali massicci montuosi della Campania, dagli Aurunci al Matese, dal Taburno Camposauro ai Picentini, fino ai Monti Alburni e alle montagne del Cilento. In estate molte persone vengono qui di sera per contemplare il tramonto e poi si accampano coi sacchi a pelo in attesa dell'alba. È un'esperienza da fare almeno una volta nella vita.

Indirizzo Cima del Monte San Michele, o Monte Molare | Come arrivare Il punto di partenza dell'escursione si può raggiungere da Vico Equense in automobile o coi bus della compagnia Sita, e da Castellammare di Stabia in funivia | Orari Luogo all'aperto | Un suggerimento Sul sito www.caimontilattari.it sono disponibili mappe, tracce e descrizioni dei sentieri che raggiungono il Monte Molare partendo da diversi altri punti. Si può acquistare anche la mappa cartacea di tutti i sentieri dei Monti Lattari.

101_Convento di San Francesco

Luogo di pace tra i casali

Vico Equense ha tredici frazioni sparse su un ampio territorio che va dal mare alla montagna. I piccoli borghi, localmente detti *casali*, sono collegati tra loro da stradine poco trafficate e per questo inserite anche nella rete delle Tredici Porte. Questa serie di percorsi è stata studiata per far conoscere il territorio, passando per i diversi casali mediante viottoli, sentieri e gradinate. Sul sito www.vicotourism.it, ricco di informazioni utili, è possibile consultare il calendario di alcune escursioni guidate e scaricare un'app con tutti i percorsi.

Uno di questi itinerari passa per il convento di San Francesco, il cui campanile è visibile anche da lontano, affacciato com'è dall'alto di uno sperone roccioso. Il convento si trova infatti sulla collina che sovrasta l'abitato di Vico, poco sopra il cimitero. Risale al XVI secolo e custodisce al suo interno un'antica biblioteca attualmente in corso di recupero. Il poderoso campanile è tinteggiato nel classico colore rosso alternato al grigio della pietra vulcanica locale (mentre sulla facciata della chiesa di Santa Maria a Chieia, a Massaquano, il grigio si accompagna a un più tenue colore ocra).

Al convento di San Francesco, nel giorno di Pentecoste giunge una processione che parte dalla vicina frazione di Massaquano (vedi n. 97) e vede la partecipazione di migliaia di fedeli. La processione, accompagnata dalla classica banda musicale, percorre lentamente le stradine di campagna che collegano le due frazioni, costeggiando vecchie masserie e passando attraverso gli uliveti sulla collina. È una grande festa, che si conclude col ritorno a Massaquano sotto una pioggia di petali di rose. E, ovviamente, con la gastronomia locale.

Nel resto dell'anno il convento di San Francesco è un luogo tranquillo e solitario. Dal piazzale antistante la chiesa, un breve viale conduce al cosiddetto "belvedere della fontana", un giardino con panchine affacciato sulla piana di Sorrento e sul Golfo di Napoli.

Indirizzo Via San Francesco 12, 80069 – Vico Equense (NA), tel. 081.8798210 | Come arrivare Vico Equense si raggiunge coi treni della Circumvesuviana e coi bus della compagnia Sita, che effettuano una fermata a circa 800 m dal convento. Alcuni aliscafi approdano al porto di Seiano | Orari Luogo all'aperto. La chiesa e il convento sono visitabili su appuntamento | Un suggerimento Le terme dello Scrajo sono una famosa caletta rocciosa con acqua termale in riva al mare. Qui sono attivi un lido e uno storico hotel con un raffinato ristorante (via Luigi Serio, lungo la statale 145 Sorrentina).

102 Marina di Seiano

Acqua azzurra, acqua chiara

Vico Equense si trova nella parte nord della Penisola Sorrentina, poco oltre Castellammare di Stabia e prima del grande terrazzo tufaceo su cui sorgono i centri compresi tra Meta e Sorrento. Qui la roccia è ancora calcarea, quindi chiara, cosa che conferisce ai fondali una grande luminosità e all'acqua il caratteristico colore turchese di questo tipo di scogliere.

È così il mare che si vede dall'alto del costone roccioso dove è situata la frazione di Seiano. Da qui una bellissima scalinata scende alla Marina di Seiano, una caletta con porticciolo proprio sotto la scogliera. È chiamata anche Marina di Equa, da *Aequa*, toponimo usato nel periodo romano, quando il luogo era frequentato per la sua bellezza e tranquillità.

Il porticciolo conobbe un notevole sviluppo a partire dal periodo angioino e fino a tutto l'Ottocento, grazie alle attività mercantili che qui facevano base. È un luogo particolarmente suggestivo in inverno quando, in assenza di turisti, le uniche presenze sono le barche e le reti dei pescatori.

In estate ovviamente l'atmosfera cambia, visto che la bellezza dell'acqua attira da sempre molti bagnanti. Marina d'Equa è la classica località di villeggiatura della Penisola Sorrentina, con spiagge di ciottoli misti a sabbia chiara. Qui sono in funzione diversi lidi attrezzati e c'è una parte libera chiamata Spiaggia delle Calcare. Non mancano locali e ristoranti, alberghi e campeggi. Dal molo partono imbarcazioni per escursioni che raggiungono diverse località della Costiera fino a Capri.

Alla marina giunge anche una strada in fondo alla quale la Torre di Capo Rivo ricorda il tempo in cui la costa andava difesa dalle incursioni via mare. La torre, a pianta quadrangolare, ha un piccolo corpo aggiunto merlato e di forma cilindrica. Oggi ospita il ristorante stellato La Torre del Saracino (www.torredelsaracino.it), capitanato dal famoso chef Gennaro Esposito.

Indirizzo Marina di Seiano, 80069 – Seiano di Vico Equense (NA) | Come arrivare Seiano si raggiunge coi treni della Circumvesuviana e coi bus della compagnia Sita. Il porticciolo è servito anche da aliscafi che collegano Sorrento, Capri, Amalfi e Positano | Orari Luogo all'aperto | Un suggerimento Nella cripta della chiesa di San Marco Evangelista è allestito in modo permanente il Presepe di Seiano, storico presepe artistico di grandi dimensioni con splendide scene marinare della Costiera (via Piazza Seiano, visita su prenotazione, tel. 338.9810581, 338.2181043).

103 Masseria Astapiana

Antico balcone sul golfo

Da Vico Equense una tortuosa stradina sale fino ai 400 metri di quota di una *chiana* (cioè una spianata, in napoletano). Da qui deriva il nome della Masseria Astapiana, che all'inizio dell'Ottocento, col ritorno dei Borbone nel Regno delle Due Sicilie, prese il posto di un preesistente monastero camaldolese risalente a due secoli prima. La seconda parte del nome, Villa Giusso, ricorda invece la famiglia che fin dal principio amministrò la dimora.

Già dall'esterno la villa trasmette un senso di fascino antico, a cui contribuisce la posizione privilegiata che regala un'ampia veduta sul Golfo di Napoli, da Capri al Vesuvio. All'interno dell'edificio si viene pervasi da un'atmosfera romantica, soprattutto nella meravigliosa cucina maiolicata del Settecento, parte dell'antico monastero. Altrettanto splendide sono le cantine e la cappella nobiliare. Alcune celle dei monaci camaldolesi sono state trasformate in camere e accolgono gli ospiti, che in alternativa possono scegliere di alloggiare in un intero appartamento. La villa ha anche un ristorante, spesso usato per cerimonie private e ricevimenti, e nella bella stagione si può godere dell'incantevole giardino.

La Masseria Astapiana Villa Giusso è immersa nel verde di una tenuta che si estende su 13 ettari, con un castagneto secolare, vigneti e uliveti. Qui si produce tra l'altro un ottimo olio DOP Penisola Sorrentina, ottenuto in purezza dalla cultivar Minucciola, una varietà tipica della Penisola. L'orto fornisce alcuni dei prodotti usati dalla masseria, e qui allignano piante aromatiche e alcuni alberi non più tanto comuni, come sorbi, corbezzoli e giuggioli. Tra gli animali da cortile si vedono galline, oche e conigli: una fattoria didattica completa infatti le attività della masseria.

Questo luogo di grande fascino ha ispirato artisti e scienziati, ha accolto i premi Nobel John F. Nash, Riccardo Giacconi, Sir Harold W. Kroto, Paul J. Crutzen, e nel 2021 è stato scelto dal regista Paolo Sorrentino per ambientarvi alcune scene del film *È stata la mano di dio*.

Indirizzo Via Camaldoli 51, 80069 – Vico Equense (NA), www.astapiana.com, info@astapiana.com, tel. 081.8024847, 333.1198543 | Come arrivare Vico Equense si raggiunge coi treni della Circumvesuviana e coi bus della compagnia Sita, oltre che con alcuni aliscafi che approdano al porto di Seiano. La masseria è raggiungibile in automobile | Orari Su appuntamento | Un suggerimento La masseria è un ottimo punto di partenza per escursioni nei dintorni. A disposizione degli ospiti ci sono mappe e descrizioni dei sentieri più belli.

104 L'università della Pizza

Dove è nata la pizza "a metro"

La Campania è indubbiamente la patria della pizza, e Vico Equense è il luogo di nascita di una sua variante di grande successo. Negli anni Trenta il panettiere Luigi Dell'Amura, conosciuto come Gigino, ebbe l'intuizione di creare una pizza di dimensioni diverse a seconda del numero di commensali.

Nel suo forno nacque così la "pizza a metro" (qui si chiama proprio così quella che nel resto d'Italia è la pizza *al* metro), un prodotto che permetteva di ottimizzare la preparazione e ridurre i tempi di attesa per i clienti. Nel corso dei decenni questa pizza è migliorata e ha raggiunto la notorietà a livello internazionale, ottenendo nel 1960 persino uno specifico brevetto che la protegge dalle imitazioni.

Oggi la pizzeria, che si chiama ancora Gigino in onore del fondatore, si trova in pieno centro a Vico Equense, in una zona di grande transito. Qui la pizza a metro viene preparata in quasi quaranta varietà per soddisfare tutti i gusti. All'interno del locale una vetrata offre la possibilità di assistere alle varie fasi della lavorazione, dall'impasto alla lievitazione, fino alla farcitura: il frenetico andirivieni dei pizzaioli e le loro mani al lavoro hanno un che di ipnotico. Le lunghe pizze vengono preparate su pale rettangolari in legno e poi messe in forno per la cottura, che dura dai cinque ai dieci minuti a seconda della lunghezza. Anzi, del *metraggio*.

Oltre a osservare per pura curiosità, qui si può davvero imparare il mestiere di pizzaiolo. Da Gigino infatti ha sede l'Università della Pizza, una scuola che nel corso degli anni ha organizzato molti corsi di formazione, con tanto di attestato per i partecipanti.

Il locale funziona anche come ristorante, con un menù assai ricco in cui figurano molti piatti tipici locali e campani. Lo spazio non manca: la sala al piano terra dispone di ben quattrocento posti a sedere, e si può entrare a qualsiasi ora per assaporare l'ottima cucina o, meglio, gustare una pizza. Rigorosamente *a* metro (tenendo a mente che un metro di pizza è sufficiente per cinque persone).

Indirizzo Corso Giovanni Nicotera 15, 80069 – Vico Equense (NA), www.pizzametro.it, tel. 081.8798309, 081.8798426 | Come arrivare Vico Equense si raggiunge coi treni della Circumvesuviana e coi bus della compagnia Sita, oltre che con alcuni aliscafi che approdano al porto di Seiano. Accanto alla pizzeria c'è un ampio parcheggio coperto | Orari Tutti i giorni 12-24 | Un suggerimento La storica Cremeria Gabriele propone delizie dolci e salate, biscotti, conserve e liquori tipici. La gelateria ha ottenuto i Tre Coni del Gambero Rosso (corso Umberto I 8, www.gabrieleitalia.com, tel. 081.8798744).

105_Borgo di Albori

Arroccato tra la montagna e il mare

Il borgo di Albori, aggrappato al versante meridionale del Monte Falerzio, è la frazione più piccola del comune di Vietri sul Mare. Ci si arriva per una stradina che dalla statale 163 Amalfitana, quasi sul livello del mare, sale per curve e tornanti attraversando la frazione di Raito, dove si trova anche il Museo Provinciale della Ceramica (vedi n. 107). Dopo una strettoia tra le ultime case di Raito, una curva regala un bel colpo d'occhio sul vicinissimo e minuscolo nucleo di Albori. Qui si può arrivare anche a piedi seguendo il Sentiero dei Borghi Vietresi, un percorso che parte da Marina di Vietri e, sfruttando il più possibile vicoli e gradinate, passa per Raito.

Ad Albori vivono meno di trecento abitanti. Le case sono fatte in pietra locale e imbiancate a calce, solo in qualche caso tinteggiate in colori vivaci. Formano un piccolo agglomerato rurale caratterizzato da ripidi vicoli gradinati, com'è tipico di molti paesi della Costiera. Alcuni vicoletti sono coperti da archi o volte, sicché le case bianche vanno a comporre un articolato complesso di contrafforti e archetti. Lo si può vedere ad esempio passeggiando in via Lavatoio o in via Piliero, strette stradine al centro del nucleo urbano.

Nella parte alta del paesino si trova la chiesa parrocchiale di Santa Margherita d'Antiochia, con una facciata piuttosto imponente se rapportata alle dimensioni del borgo. Al suo interno si trovano affreschi di scuola napoletana del Seicento e del Settecento. Ma il motivo principale per un'escursione ad Albori è la sua posizione, con una romantica vista sul mare, tra i pergolati degli agrumeti che qui costituiscono l'elemento predominante del paesaggio.

In estate il borgo gode di un clima gradevole, grazie alla montagna alle sue spalle e all'altitudine di quasi 300 metri. In questa stagione si tengono eventi e concerti, mentre nel periodo natalizio viene allestito un bel presepe vivente. Albori fa parte dell'associazione I borghi più belli d'Italia, che in Costiera annovera anche Atrani, Conca dei Marini e Furore.

Indirizzo 84019 – Albori di Vietri sul Mare (SA) | Come arrivare Vietri sul Mare e Albori si raggiungono coi bus della compagnia Sita. Vietri è servito anche dalla ferrovia | Orari Luogo all'aperto | Un suggerimento Da Albori una stradina pavimentata conduce in circa 1 km alla sorgente del Cesare. Qui si può seguire il duro sentiero per il Monte Falerzio o quello che conduce alla badia della Trinità di Cava de'Tirreni (vedi n. 24).

106 La ceramica di Lucio Liguori

Mani che generano arte

Stretti vicoli in salita attraversano il borgo di Raito e conducono agli orti e ai pergolati alle spalle delle ultime case. Qui, quasi nascosto, c'è il laboratorio del ceramista Lucio Liguori. Uno spazio in cui la tradizione vietrese classica incontra la creatività iniettata da Richard Dölker e Irene Kowaliska nel cosiddetto "periodo tedesco" (vedi n. 107), per acquisire un'originalissima personalità contemporanea.

Da un giardino riparato si accede direttamente al grande laboratorio dove Liguori soppesa l'argilla, ne valuta la consistenza, la sistema al centro del tornio, e inizia a farla ruotare. Le sue mani sono sempre all'opera: umide e decise nell'atto di modellare la materia mentre gira, si alza e prende forma; delicate e ferme quando impugnano i pennelli per decorarla; amorevoli quando portano i pezzi al forno e li affidano alla magia mai del tutto prevedibile della cottura. L'artista lavora nel suo disordine creativo. Intorno a lui, una corte di pezzi in lavorazione, in attesa di ricevere il colore o la cottura. Come se in questo laboratorio si affollassero e si radunassero le crete di una vita intera, a partire da quando Lucio Liguori era un bambino e apprendeva nelle botteghe locali i rudimenti del mestiere.

Una scala conduce al piano di sopra, dove domina la bellezza delle opere finite, ordinate e disposte a creare la suggestione di un museo vivo e in continua evoluzione. Vasi e piatti di ogni foggia e dimensione recano i colori vietresi declinati nell'esaltazione del "pesce povero", cioè l'alice, icona di Lucio Liguori e del legame intimo di questo territorio col mare. Liguori è un innovatore: col suo lavoro ha ringiovanito e arricchito la ceramica vietrese introducendo formature nuove e segni geometrici o astratti. Per questo motivo, nella sua lunga carriera ha ricevuto innumerevoli premi e riconoscimenti, e molti suoi pezzi sono stati esposti in mostre e fiere in Italia e all'estero. Una visita al suo laboratorio è un regalo per chi ama la bellezza.

Indirizzo Via San Vito, 1, 84019 – Raito di Vietri sul Mare (SA), www.lucioliguori.it, info@lucioliguori.it, tel. 089.2141822, 339.3107071 | **Come arrivare** Vietri sul Mare e Raito si raggiungono coi bus della compagnia Sita. Vietri è servito anche dalla ferrovia | **Orari** Su appuntamento | **Un suggerimento** Passeggiando nel borgo di Raito si vedono diverse opere in ceramica realizzate da Lucio Liguori e da altri ceramisti vietresi.

107 Museo della Ceramica

Oggetti d'arte in un antico palazzo

Vietri sul Mare è il primo comune della Costiera che si incontra venendo da Salerno. Già da lontano risalta il profilo della cupola della chiesa di San Giovanni Battista, sulla quale brillano le maioliche gialle e verde ramina, nel classico abbinamento a contrasto della ceramica vietrese. L'arte di Vietri ha origini antiche ma si è affermata come ceramica artistica nel corso del Seicento. In questo periodo, qui sono stati prodotti manufatti pregiati di carattere soprattutto religioso, ma anche maioliche e oggetti di uso comune.

All'inizio del Novecento a Vietri arrivarono artisti del calibro di Irene Kowaliska e Richard Dölker, e naturalmente vi lavorò tra gli altri il celebre ceramista vietrese Giovannino Carrano. Col loro contributo creativo, la ceramica vietrese compì un salto qualitativo, collocandosi ai massimi livelli della ceramica d'arte. In particolare Dölker visse e lavorò a lungo a Vietri, e insieme ad altri artisti tedeschi rinnovò i cromatismi, dando vita, tra le altre cose, al "giallo di Vietri" e alla raffigurazione del *ciuccio*, cioè l'asino, che divenne una vera e propria icona locale (vedi n. 55).

Le produzioni contemporanee e i motivi che si rifanno alle forme tradizionali si possono vedere passeggiando nelle viuzze del paese, dove abbondano laboratori e vetrine. Fontane da muro, statuette, piatti, vasi, tazzine e oggetti sacri e profani di ogni genere.

Ma per compiere un vero viaggio nella storia di quest'arte bisogna recarsi nel borgo di Raito, nella parte alta di Vietri. Qui ha sede il Museo provinciale della Ceramica, ospitato nella splendida Villa Guariglia, divenuta pubblica nel 1970 per donazione dell'ambasciatore Raffaele Guariglia.

Nel museo sono raccolti pezzi preziosi del Seicento e del Settecento, ma anche vasellame di uso quotidiano dell'Ottocento. Una sezione consistente è dedicata al cosiddetto "periodo tedesco" e un'altra alla *riggiòla*, cioè la mattonella vietrese utilizzata per rivestire pavimenti e pareti. Bello anche il parco della villa, affacciato sul mare.

Indirizzo Villa Guariglia, via Nuova Raito, 84019 – Raito di Vietri sul Mare (SA), tel. 089.211835 | Come arrivare Vietri sul Mare e Raito si raggiungono coi bus della compagnia Sita. Vietri è servito anche dalla ferrovia | Orari Mar-dom 9-15, lun chiuso | Un suggerimento Le Vigne di Raito è una pregiata cantina che organizza anche esperienze e incontri di cucina (via San Vito 9, www.levignediraito.com, info@levignediraito.com, tel. 328.8651452).

108 Alta Via dei Lattari

Un trekking da sogno

"Tra Sorrento e Salerno vedi rocce tagliate a picco, spaccature orride i monti, case incastrate ed appiattite sulla roccia da cui le distingue solo il colore, cadute di vigneti su pendici impervie, ed i monasteri-fortezze appollaiati a metà costa". Così la penna del grande viaggiatore Guido Piovene descrive i Monti Lattari. Ed è esattamente questa l'immagine che ne serba chi percorre i suoi sentieri.

L'Alta Via dei Lattari è un percorso di trekking lungo quasi 80 chilometri che parte dalla badia della Trinità di Cava de' Tirreni (vedi n. 24) e giunge fino a Punta Campanella (vedi n. 50), all'estrema propaggine della Penisola. Il tracciato è il n. 300 del Club Alpino Italiano, ed è marcato coi classici segnavia bianco-rossi. Richiede in tutto circa sei giorni di cammino e per la sua spettacolarità rientra a pieno titolo tra i grandi itinerari escursionistici europei.

L'intero percorso tocca le principali cime del massiccio e regala incredibili scenari paesaggistici. Spesso la vista spazia su entrambi i versanti e quindi sui due golfi di Napoli e di Salerno. In molti casi il sentiero perde quota e attraversa le zone più antropizzate, coi tipici orti terrazzati e i pergolati per la coltivazione dei limoni, fino a raggiungere il mare alla cala di Recommone. Di sera si fa tappa nei paesi e in alcuni rifugi, ma c'è anche chi sceglie di percorrere l'intero itinerario pernottando in tenda.

La difficoltà generale non è estrema, ma la lunghezza e i dislivelli, quasi 5.000 metri complessivi, richiedono allenamento e attrezzatura adeguati. Le prime tappe, in particolare, sono le meno banali: qui è richiesta esperienza di montagna.

Percorrere questo trekking è un modo avventuroso per esplorare i Monti Lattari sotto molteplici aspetti, per conoscerne a fondo la natura e gli abitanti. Del resto era questo il metodo adottato anche da Giustino Fortunato, l'intellettuale di fine Ottocento padre delle teorie sulla "questione meridionale": sosteneva che l'unico modo per conoscere i luoghi e chi li abita fosse percorrerli a piedi.

Indirizzo Descrizioni e tracce GPS sono disponibili sul sito www.caimontilattari.it, dove è possibile acquistare anche la mappa escursionistica cartacea o in formato digitale dei Monti Lattari | Come arrivare Tutti i punti del sentiero che intersecano centri abitati o strade sono serviti dai bus della compagnia Sita | Orari Luogo all'aperto | Un suggerimento Il rifugio di Santa Maria dei Monti, a 1.100 m di quota nel territorio comunale di Scala, è un eccellente punto tappa sull'Alta Via (www.rifugiosantamaria.com, info@rifugiosantamaria.com, tel. 089.8421975, 351.8960474).

109 Le case a volta

L'eleganza dell'architettura rurale

La lunga e travagliata storia geologica dei Monti Lattari si intreccia con le attività che l'uomo vi pratica fin dall'antichità. Qui le scogliere sono state intagliate per realizzare approdi e gradinate; sugli alti dirupi sono stati costruiti eremi, monasteri e abbazie in luoghi arditi, raggiunti da mulattiere che corrono su cenge rocciose o stretti terrazzamenti; le grotte sono state usate soprattutto dagli eremiti e dai pastori. Come i livelli geologici, che sono stratificati ma anche intrecciati tra loro per l'effetto di pieghe e faglie, l'opera dell'uomo appare intersecata più che meramente stratificata. Ne è nato un paesaggio antropico estremamente articolato, fatto di paesi con le loro marine, orti e mulattiere, strade prodigiose e precarie.

Un aspetto particolare dell'antropizzazione della Costiera sono le case a volta, una tipologia edilizia che qui si ritrova un po' ovunque ma è più presente sul versante compreso tra Amalfi e Agerola. Si diffuse dopo il X secolo, quando l'introduzione del contratto di pastinato e nuove colture richiesero la presenza fissa dei contadini sulle terre. Sebbene fossero abitazioni modeste, erano realizzate con grade perizia. Le volte, esili e leggere, resistono ancora oggi brillantemente al passare del tempo.

L'abitazione tipica è costituita da un parallelepipedo diviso in due livelli collegati tra loro da una scala esterna. La copertura è realizzata mediante varie volte estradossate, cioè non ricoperte superiormente dalla muratura e "sporgenti" rispetto al corpo di fabbrica. Questi edifici sorgono in genere su versanti terrazzati, per cui una delle pareti è addossata al terrazzamento superiore oppure direttamente alla roccia. Al piano terra c'erano la cucina, la stalla, la cantina e una cisterna che raccoglieva l'acqua dal tetto. Le volte di questo livello erano della tipologia a botte e così sono perlopiù rimaste. Il piano superiore, più luminoso e asciutto, era destinato alle attività quotidiane. Qui invece le volte si sono evolute nel tempo, divenendo a crociera, poi a gavetta e infine a padiglione tra il XVI e il XIX secolo.

Indirizzo Le case sono situate in vari luoghi, tra cui le frazioni amalfitane di Lone, Vettica, Pastena e Tovere, oltre a Furore e Agerola | Orari Luoghi all'aperto | Un suggerimento Tipiche casette a volta si possono vedere lungo la strada che attraversa l'abitato di Furore, oppure nei pressi della Grotta Biscotto, all'inizio del Sentiero degli Dei partendo da Bomerano.

110 La costa vista dal mare

Pagaiare nel magico intreccio tra uomo e natura

Tra i vari modi per apprezzare le meravigliose vedute che hanno reso celebre la Costiera Amalfitana c'è anche la possibilità di spostarsi via mare da Salerno ad Amalfi e Positano. È fattibile prendendo uno dei traghetti Travelmar che collegano i principali centri della costa e sostano anche a Vietri sul Mare, Cetara, Maiori e Minori.

Dal mare si avvistano decine e decine di minuscole spiagge e calette che non sono raggiungibili via terra. La costa scoscesa, infatti, impedisce qualunque accesso. In qualche caso sono state costruite scalette o ripidi sentieri, che però spesso collegano abitazioni private.

Un modo per raggiungere in tutta libertà questi luoghi da sogno in realtà c'è. È il kayak, un mezzo divertente e alla portata di tutti. Tra le varie agenzie che offrono questo servizio c'è la Genius Loci Travel, un tour operator con una lunga storia di amore per le attività nella natura, come l'escursionismo, la bicicletta e, appunto, il kayak.

L'olandese Peter Hoogstaden ha scelto il Sud Italia come luogo di vita e di lavoro. Con la sua agenzia, fondata nel 2001, organizza trekking in libertà, tour per piccoli gruppi e giri in kayak lungo la Costa d'Amalfi (e del Cilento). Tra le tante proposte, offre la possibilità di escursioni private progettate su misura, magari combinando il kayak alle altre modalità di scoperta del territorio.

Peter è infatti anche un grande conoscitore dei sentieri, delle mulattiere e dei mille itinerari meno noti che attraversano i Monti Lattari. Li ha percorsi in lungo e in largo nel corso di molti anni, perciò con lui si è in buone mani se si desidera organizzare una magnifica giornata a piedi o in bicicletta, spostandosi di luogo in luogo e fermandosi in punti sempre diversi. Questo, del resto, è uno dei modi migliori per vivere il contatto stretto con la natura e con l'incredibile geologia della zona, oltre che coi complessi intrecci che l'uomo vi ha creato nel corso dei secoli.

La Costiera vista dal mare è un'esperienza decisamente da provare, e per farlo non serve essere degli esperti canoisti.

Indirizzo Genius Loci Travel, via Antonio Rotondo 5, 84127 – Salerno, www.genius-loci.it, www.trekking-italia.it, booking@genius-loci.it, tel. 089.791896 | Orari Su prenotazione | Un suggerimento Per un'esperienza in kayak spettacolare, adatta ai principianti, si può fare un tour di tre giorni (con due notti ad Amalfi). Per i più esperti, cinque giorni per esplorare tutta la costa.

111 Statale 163 Amalfitana

Tra le più belle strade del mondo

“La strada che da Vietri a Capodorso / a Minori, ad Amalfi sale e scende / verso il mare di Conca e di Furore / è strada di montagna: vi s’arrende / la luce che nel trarla dosso a dosso / ai suoi spicchi costrutti trova il fiore / del lastrico deserto, la ginestra”. L’inizio della poesia intitolata *La Costiera d’Amalfi*, composta alla fine degli anni Sessanta dal grande poeta salernitano Alfonso Gatto, descrive in modo mirabile questa strada che tocca alcuni dei luoghi più spettacolari della Costiera.

Essa stessa spettacolare e ormai parte integrante del paesaggio, la strada è stata realizzata tra il 1832 e il 1850 ricalcando tratti di stradine e mulattiere precedenti, e in molti casi aprendo veri e propri varchi nelle scogliere rocciose. Fino a quel momento gli spostamenti tra un paese e l’altro potevano avvenire unicamente via mare, oppure compiendo lunghi giri nelle ripide valli e sugli scoscesi versanti meridionali dei Monti Lattari.

Attualmente la strada è lunga circa 50 chilometri e collega Meta, in corrispondenza con la strada 145 Sorrentina, a Vietri sul Mare, dove si innesta sulla statale 18 Tirrena inferiore (un tempo strada regia delle Calabrie). Il primo tratto passa nell’entroterra per poi correre sempre sul mare, grazie a una serie di sbancamenti, ponti e gallerie che le permettono di superare i tratti più ripidi e i profondi canaloni che incontra lungo il versante.

Un viaggio sulla statale 163 Amalfitana è un’esperienza da fare almeno una volta nella vita (possibilmente non in alta stagione per evitare di restare intrappolati per ore!). Chi non ha dimestichezza con questi luoghi resterà colpito dall’abilità degli automobilisti locali nel districarsi anche nelle situazioni più anguste, quando persino i grandi autobus di linea riescono in qualche modo a transitare, come per miracolo. Tra giugno e settembre la strada è interdetta ai mezzi pesanti, e comunque vige il senso unico per autobus e veicoli ingombranti, che possono percorrerla solo in una direzione.

Come arrivare Tutta la strada statale 163 Amalfitana è servita da numerose corse giornaliere dei bus della compagnia Sita | Orari Luogo all'aperto | Un suggerimento Ottimi colpi d'occhio su questa strada si hanno da Raito, frazione di Vietri sul Mare, da Conca dei Marini, da Montepertuso o dal Sentiero degli Dei.

1
Vico Equense
Pacognano
Preazzano
Arola
Meta
Cassano
Piano
di Sorrento
Sorrento
Priora
Massa Lubrense
Colli di Fontanelle
Sant'Agata sui due Golfi
Torca
Termini
Nerano
Marina
del Cantone
101
99
104
97
102
98
53
52
103
59
57
60
80
58
86
88
95
91
92
93
89
87
94
90
45
48
47
51
49
46
50
62

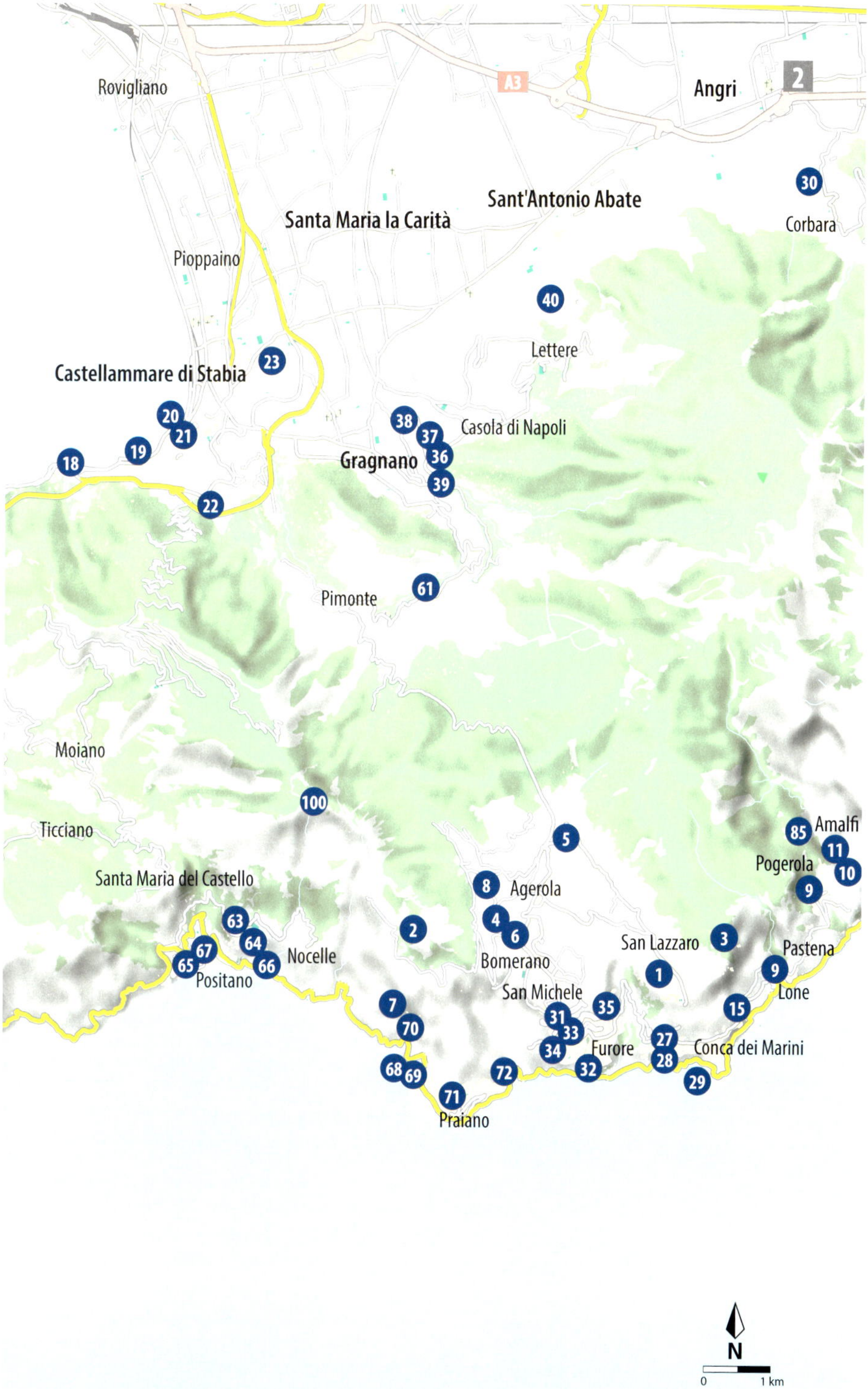

Rovigliano
A3
Angri
2
Sant'Antonio Abate
Corbara
Santa Maria la Carità
Pioppaino
Lettere
Castellammare di Stabia
Casola di Napoli
Gragnano
Pimonte
Moiano
Ticciano
Amalfi
Pogerola
Santa Maria del Castello
Agerola
San Lazzaro
Pastena
Nocelle
Bomerano
Positano
San Michele
Lone
Furore
Conca dei Marini
Praiano
N
0
1 km

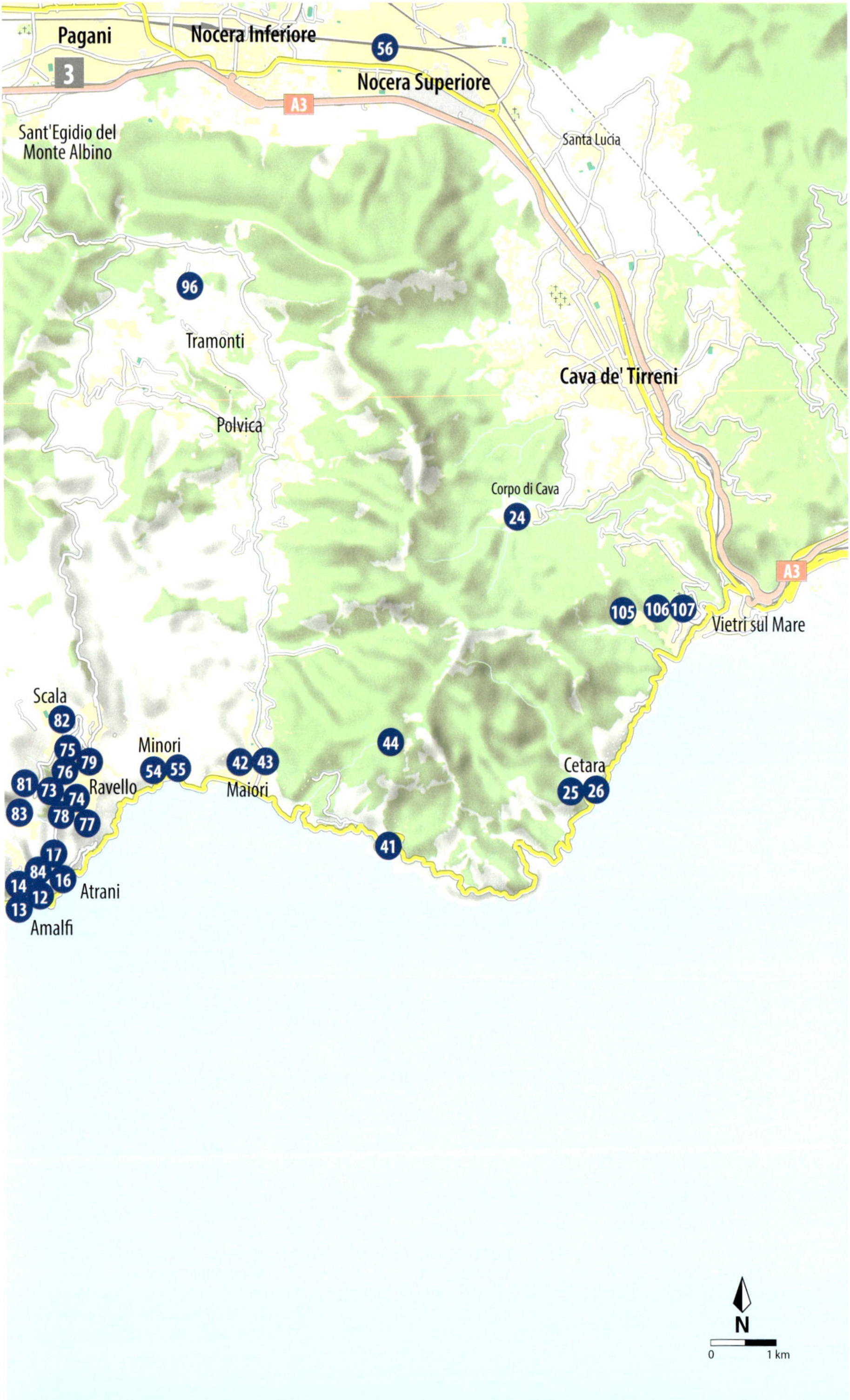
Pagani
3
Nocera Inferiore
56
Nocera Superiore
A3
Sant'Egidio del Monte Albino
Santa Lucia
96
Tramonti
Cava de' Tirreni
Polvica
Corpo di Cava
24
A3
105
106
107
Vietri sul Mare
Scala
82
75
79
76
81
73
74
Ravello
83
78
77
Minori
54
55
42
43
Maiori
44
Cetara
25
26
41
17
84
16
14
12
Atrani
13
Amalfi
N
0
1 km

Natalino Russo
111 Luoghi di Napoli
che devi proprio scoprire
ISBN 978-3-7408-1313-0

Florinda Giannino,
Marco Lo Curzio
111 Luoghi di Catania
che devi proprio scoprire
ISBN 978-3-7408-2155-5

Insa Hohmann,
Katharina Hohmann,
Fritz von Klinggräff
111 Luoghi del Lago Maggiore
che devi proprio scoprire
ISBN 978-3-7408-2169-2

Sara Pupillo
111 Luoghi del design di Milano
che devi proprio scoprire
ISBN 978-3-7408-2113-5

Sara Pupillo
111 Luoghi di Padova
che devi proprio scoprire
ISBN 978-3-7408-1881-4

Fabrizio Ardito, Sara Zanni,
Sara Cavina
111 Luoghi dei cammini d'Italia
che deví proprio scoprire
ISBN 978-3-7408-1688-9

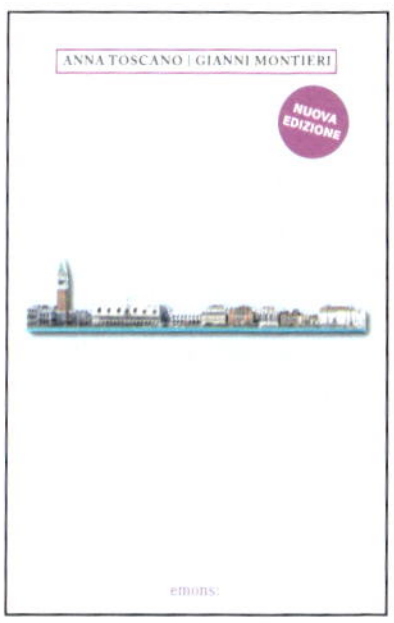

Giovanni Montieri, Anna Toscano
111 Luoghi di Venezia
che devi proprio scoprire
ISBN 978-3-7408-1678-0

Franz Hlavac, Gisela Hopfmüller
111 Luoghi della Carinzia
che devi proprio scporire
ISBN 978-3-7408-1809-8

Maurizio Francesconi,
Alessandro Martini
111 Luoghi di Langhe, Roero
e Monferrato che devi proprio
scoprire
ISBN 978-3-7408-1461-8

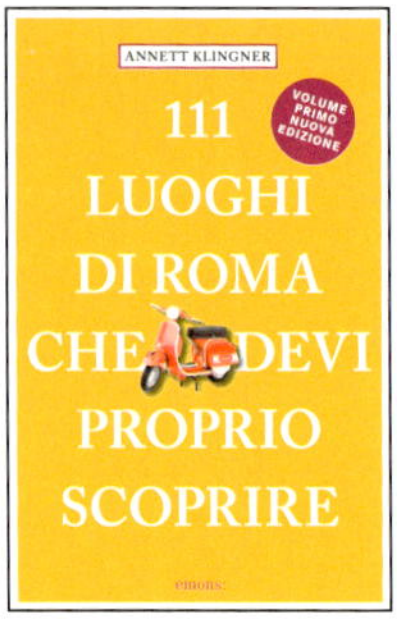

Annett Klingner
111 Luoghi di Roma
che devi proprio scoprire
ISBN 978-3-7408-1726-8

Gabriele Santoro
111 Luoghi di Roma
che devi proprio scporire,
Volume secondo
ISBN 978-3-7408-1374-1

Sergio Benoni
111 Luoghi di Cagliari
che devi proprio scoprire
ISBN 978-3-7408-1100-6

Jasmine Cattai Paladin,
Elena Zanardo
111 Luoghi delle Colline
del Prosecco che devi
proprio scoprire
ISBN 978-3-7408-1638-4

Leonardo Castelli,
Carolina Orlandi
111 Luoghi di Siena e dintorni
che devi proprio scoprire
ISBN 978-3-7408-1399-4

Dante Matelli
111 Luoghi delle Cinque Terre
che devi proprio scoprire
ISBN 978-3-7408-0864-8

Alessandra Chiappori,
Stefano Ascheri
111 Luoghi della Riviera dei
Fiori che devi proprio scoprire
ISBN 978-3-7408-1373-4

Jo-Anne Elikann
111 Luoghi di New York
che devi proprio scoprire
ISBN 978-3-7408-1027-6

Sara Pupillo
111 Luoghi dell'Abruzzo
che devi proprio scoprire
ISBN 978-3-7408-1226-3

Giulia Castelli Gattinara
111 Luoghi di Firenze
che devi proprio scoprire
ISBN 978-3-7408-1311-6

Fabrizio Ardito
111 Luoghi dell'Umbria
che devi proprio scoprire
ISBN 978-3-7408-1312-3

Fabrizio Ardito
111 segreti delle chiese di
Roma che devi proprio scoprire
ISBN 978-3-7408-1029-0

Giovanna Santirocco,
Gianluigi Spinaci
111 Luoghi di Trastevere
che devi proprio scoprire
ISBN 978-3-7408-1028-3

Vittoria Bazzan, Monica
Gasparini, Barbara Sartorello
111 Luoghi di Biella
che devi proprio scoprire
ISBN 978-3-7408-0907-2

Franz Hlavac, Gisela Hopfmüller
111 Luoghi del Friuli Venezia
Giulia che devi proprio scoprire
ISBN 978-3-7408-1026-9

Petra Sophia Zimmermann
111 Luoghi del lago
di Garda e di Verona che
devi proprio scoprire
ISBN 978-3-7408-0770-2

Alessia Biasatto
111 Luoghi di Trieste
che devi proprio scoprire
ISBN 978-3-7408-0678-1

Gian Antonio Dall'Aglio
111 Luoghi di Genova
che devi proprio scoprire
ISBN 978-3-7408-0479-4

Alexia Amvrazi, Diana Farr Louis,
Diane Shugart
**111 Luoghi di Atene
che devi proprio scoprire**
ISBN 978-3-7408-0605-7

Dante Matelli
**111 Luoghi della Versilia
e Donatorin che devi
proprio scoprire**
ISBN 978-3-7408-0865-5

Giulia Castelli Gattinara
**111 Luoghi delle Dolomiti
che devi proprio scoprire**
ISBN 978-3-7408-0584-5

Kathleen Becker
**111 Luoghi di Lisbona
che devi proprio scoprire**
ISBN 978-3-7408-0583-8

Matěj Černý, Marie Peřinová
**111 Luoghi di Praga
che devi proprio scoprire**
ISBN 978-3-7408-0367-4

Giulia Castelli Gattinara
**111 Luoghi di Milano
che devi proprio scoprire**
ISBN 978-3-7408-0745-0

Antonio Speciale,
Claudia Speciale
**111 Luoghi di Palermo
che devi proprio scoprire**
ISBN 978-3-7408-0368-1

Fabrizio Ardito
**111 Luoghi di Malta
che devi proprio scoprire**
ISBN 978-3-7408-0357-5

Alessandro Martini,
Maurizio Francesconi
**111 Luoghi di Torino
che devi proprio scoprire**
ISBN 978-3-7408-0152-6

Ringraziamenti

Questo libro è nato grazie alla collaborazione di tante persone che mi hanno consigliato e indirizzato durante le mie incursioni in un territorio affascinante come quello dei Monti Lattari, con le sue due costiere.
Grazie innanzitutto ad Aldo Cinque e Lucia Borriello, amici carissimi, per gli innumerevoli suggerimenti e le idee, oltre che per la calda ospitalità nell'amata Agerola. Grazie a Marcella Maresca per la golosa capacità di narrare ogni cosa; a Barbara Tramontano per gli spunti e gli spuntini; a Giulia De Felice, pedalatrice instancabile, nella categoria diamanti e tornanti; a Biagio Passaro per le informazioni sulla zona di Sorrento; a Peter Hoogstaden per l'intelligenza con cui da sempre promuove questi territori.
Ringrazio anche gli enti, gli uffici e le associazioni che, accogliendo le mie richieste, mi hanno fornito informazioni sui luoghi citati.

Natalino Russo è nato a Caserta e si è laureato in Scienze Naturali a Napoli. Giornalista e fotografo, si occupa soprattutto di viaggi. Ha pubblicato romanzi e guide; scritto per diverse riviste tra cui *National Geographic*, *Dove*, *Bell'Italia*, *Meridiani*, *PleinAir*, *Itinerari e luoghi*; e collaborato con case editrici come il Touring Club Italiano, Skira e Laterza. Frequentatore della Costiera Amalfitana fin da ragazzo, ama le grotte e i vulcani, il mare la montagna. E la sua terra: la Campania. Nella stessa collana, per Emons, ha pubblicato *111 luoghi di Napoli che devi proprio scoprire*.

www.natalinorusso.it